46294

HISTOIRE
NATURELLE,
CIVILE ET POLITIQUE
DES
GALLIGENES ANTIPODES
DE LA NATION FRANÇOISE,

DONT ILS TIRENT LEUR ORIGINE;

Où l'on développe la naissance, les progrès, ses mœurs & les vertus singulieres de ces Insulaires.

Les révolutions & les productions merveilleuses de leur Isle, avec l'histoire de leur Fondateur.

TOME PREMIER.

A GENÈVE,

Chez les Freres CRAMER.

Et se trouve à Paris,

Chez **HUMAIRE**, Libraire, rûe du Marché Palû, vis-à-vis la Vierge de l'Hôtel-Dieu.

M. DCC. LXX.

HISTOIRE

DES

GALLIGÉNES,

OU

MÉMOIRES DE DUNCAN.

CHAPITRE I.

Embarquement, naufrage, & arrivée de Duncan dans une isle inconnue, où il se trouve en pays de connoissance.

Un Navigateur François, embarqué sous de mauvais auspices, avoit essuyé dans un long voyage toutes les disgraces réservées aux gens de mer, qu'elles ne corrigent point. Presque tout l'équipage avoit fuccombé ; qui n'étoit pas mort, étoit mourant. Le vaiſſeau, ſans Pilote, flottoit au hazard dans une mer inconnue, & Duncan (c'eſt le nom de notre Voyageur) accablé de tant de maux, n'attendoit plus que le dernier de tous. Il ne tarda pas ; le vaiſſeau toucha un écueil & ſe briſa. Le reſte de l'équipage infortuné périt ; Duncan ſeul échappa à la faveur d'une planche qui le ſoutint une journée entiere, & le dépoſa ſur le ſoir dans une iſle inconnue de toute la terre.

Son premier ſentiment fut un mouvement de joie ; il venoit d'échapper à une mort preſque certaine. L'inquiétude ſuccéda ; il étoit à l'autre bout du monde, dans une terre inconnue, & ne ſçavoit ce qu'il devoit craindre le plus, des hommes ou des bêtes féroces qui pouvoient l'habiter. Il paſſa une partie de la nuit, occupé de penfées auffi triftes qu'inutiles. Enfin, accablé de fatigues & de réfléxions, il s'endormir.

Dès l'aurore en ouvrant les yeux, il apperçut auprès de lui deux hommes qui attendoient fon réveil, pour lui préfenter des rafraîchiffemens, & lui offrir leurs fervices. Le fommeil de Duncan avoit un peu calmé fes fens, & réparé fes forces. Mais fon eftomac oifif depuis plus de vingt-quatre heures, demandoit, & vivement. Il fe faifit avec empreffement de ce qu'on lui préfentoit, & mangea avec tant d'avidité & d'action qu'il ne lui reftoit pas un moment pour porter la parole aux deux inconnus qui le régaloient. Ceux-ci, ne voulant pas troubler un opération fi active, garderent auffi le filence.

A mefure que fon eftomac s'appaifoit, Duncan prenoit plus de part à ce qui fe paffoit autour de lui. Il re-

gardoit fucceffivement & les deux
inconnus, & l'intérieur des terres, &
la mer où il venoit de faire naufrage.
Enfin il prit la parole : « puis-je fça-
» voir, dit-il, quels font les généreux
» inconnus qui m'ont accueilli avec
» tant d'humanité ? «

    » Nous l'entendons, s'écrierent avec
» vivacité les deux inconnus, nous
» l'entendons ; c'eft un de nos freres
» Européens. Suivez-nous, ne craignez
» rien, vous êtes en pays de connoif-
» fance. N'êtes - vous pas François ?
» Nous le fommes auffi. Comment
» vont nos freres en Europe ? Et
» vous, par quel accident vous trou-
» vez-vous ici, en fi mauvais équi-
» page ? «

    A tant de queftions, & faites en
fi bel ordre, Duncan, tout ftupefait,
répondit de fon mieux. » Je fuis
» François ; je voyageois ; je viens de
» faire naufrage. Vos freres vont com-

» me ils peuvent, & comme le tems
» le veut. Pour moi, je ne fçais où je
» fuis, je n'entends rien à ce que vous
» me dites de pays de connoiffance
» & de fraternité, & je doute fi je
» fuis éveillé ou fi je rêve. «

Tout en difcourant ils avançoient
dans l'intérieur de l'ifle, &, après une
demi-heure de chemin, ils entrerent
dans une grande ville. » Venez ci-
» toyens, s'écrierent les deux intro-
» ducteurs de Duncan, venez voir un
» de vos freres d'Europe. « Et auffi-tôt
hommes, femmes, enfans, d'accou-
rir, de regarder, & de fuivre. Le
Voyageur François, encore tout mouil-
lé, & qui ne repréfentoit pas comme
un ambaffadeur qui fait fon entrée,
n'étoit rien moins que flaté du con-
cours. Il traverfa toute la ville, &
enfin on l'introduifit dans un château
qui ne lui parut habité que par des
vieillards. Il en fut reçu avec huma-

A iij

nité ; on lui donna un appartement
dans le château même, où il trouva
des habits & tout ce qui lui étoit nécessaire.

CHAPITRE II.

Description de l'isle & de la ville des Galligènes.

Quand Duncan, dont la tête resta un peu étonnée pendant quelques jours, eut repris toute sa raison, & se fut assuré qu'il ne dormoit pas, il commença à parcourir l'isle où il se trouvoit, & voici la description qu'il en a faite.

L'isle des Galligènes a douze lieues de longueur sur huit de largeur, & s'étend du nord au midi. Sa surface s'incline un peu vers l'orient & semble se déployer & s'ouvrir à toute la bénignité des rayons du soleil levant. Quoique peu éloignée de l'un des Tropiques, l'air y est habituellement plutôt froid que chaud ; & ce qu'il y a de plus singulier, il n'y pleut presque

A iv

jamais. Apparemment que la chaleur tempérée par les vapeurs abondantes qui s'élevent des mers fpacieufes dont l'ifle eft environnée, ne s'affoiblit point affez pour que ces vapeurs rapprochées tombent en pluyes. Ce n'eft pas que les nuits ne foient pour l'ordinaire très fraîches, mais cette fraîcheur n'occafionne que des rofées copieufes qui humectent la terre, & raniment les plantes.

De toute part l'ifle eft environnée d'amas de roches, dont les piéces rompues & confufement entaffées, annoncent l'effet du défordre & du bouleverfement. Entre cette ceinture de rochers, une plaine unie & le fol prefque partout de niveau, annoncent l'effet du repos & de l'ordre; chofes qui feroient incompréhenfibles fans l'évenement qui a donné lieu à la naiffance de l'ifle, & dont nous parlerons dans la fuite.

Comme les terres forment une pente douce du côté de l'orient, il n'eſt gueres d'endroits d'où l'œil n'embraſſe tout le territoire des Galligènes. Dans les détails, on découvre des campagnes labourées, des vergers, des vignobles, de longues avenues, de boſquets, des parterres, tout ce que l'induſtrie champêtre a pu imaginer & pour l'utilité & pour l'agrément.

Les Galligènes n'ont qu'une ſeule ville. Elle forme un quarré long. L'une des extrémités eſt occupée par un grand bâtiment, où l'on éleve les enfans de la république, juſqu'à l'âge de ſept ans. Cet édifice eſt très-bien bâti. Il préſente du côté de la ville une belle colonnade, décorée de ſtatues d'un goût médiocre & d'un grand nombre de bas-reliefs, dont l'exécution n'a rien de rare, mais dont les ſujets emblématiques ſont très-ſinguliere-

ment imaginés. Au-deſſus de la grande porte, par exemple, on a repré-
ſenté la nature & ſes bienfaits. Le
ſculpteur a tâché de réunir dans ſes
traits la délicateſſe, la majeſté & plus
de beauté que de fineſſe. Son aſpect
n'eſt ni gai ni mélancolique, mais
ſerein & intéreſſant. Elle eſt comme
ſoutenue en l'air; ſes pieds portent
ſur un croiſſant, ſa robe eſt parſemée
d'étoiles, & ſa tête eſt couronnée du
ſoleil. Plus bas ſe déploye & ſe perd
dans le lointain une campagne couverte des productions de la terre les
plus utiles & les plus riantes; la nature a le ſein découvert; elle le preſſe
de ſes mains & fait jaillir deux jets
qui à leur chûte ſur la terre forment
de chaque côté un ruiſſeau de lait,
qui ſerpente dans la plaine. Sur le bord
de ces ruiſſeaux, ſont repréſentés des
enfans nuds, ſans nombre. Les uns
couchés par terre boivent dans le ruiſ-

feau même ; les autres , formant un vafe étroit de leur main , puifent & fe raffafient ; d'autres boivent dans des coquilles. Quelques-uns dorment d'un fommeil profond ; quelques autres, diftribués par groupes, s'amufent aux jeux de l'enfance. Plufieurs , élevant leurs mains vers la nature, femblent , avec un vifage riant, rendre hommage à cette nourrice commune de tous les êtres.

A l'extrémité oppofée de la ville , un autre grand bâtiment , appellé la maifon d'occident ou le palais des anciens , répond à l'hôtel des enfans. De l'un à l'autre de ces palais, à droite & à gauche , un grand nombre de maifons plus agréables les unes que les autres & dont aucune ne fe reffemble, forment des rues affez courtes , mais larges , & toutes tirées au cordeau. Du palais d'orient à cefui d'occident (c'eft-à-dire l'efpace de plus d'un mille) regne une grande & belle rue de plus de trois cens pas de largeur, au milieu de laquelle coule un ruiſſeau bordé d'un gazon toujours verd. De diſtance en diſtance des réſervoirs décorés de différens morceaux d'architecture & de ſculpture, reçoivent le ruiſſeau & forment des fontaines auſſi agréables à la vue que commodes aux citoyens. Toute la ville eſt ceinte de quatre rangées d'arbres qui forment trois allées à perte de vue & donnent un ombrage impénétrable aux rayons du ſoleil ; c'eſt la promenade ordinaire des Galligènes.

Les maiſons & les rues ſont tellement diſtribuées, qu'en fermant un petit nombre de portes, on peut couper toute communication de tel quartier que l'on veut, avec le reſte de la ville.

Les enfans, à l'âge de ſept ans, quittent, comme nous l'avons dit, la maifon d'orient ; les filles vont à droite, les garçons à gauche, habiter les maifons voifines. Ils changent de domicile ; à mefure qu'ils avancent en âge, ils approchent de la maifon d'occident, où les hommes qu'une mort précoce n'a point enlevés, vont terminer leur carriere, en adminiftrant la république fous le nom d'anciens.

CHAPITRE III.

Mœurs des Galligènes.

Les Galligènes tirent leur origine des François, leur nom l'indique affez, & nous ne tarderons pas à dire par quelle avanture extraordinaire, ils fe trouvent tranfplantés fi loin de leur pays natal. Soit à caufe du climat, foit à caufe du gouvernement, le naturel françois fe trouve très-alteré dans ces hommes expatriés. Cette légereté inattentive, cette gaieté de diftraction, cette aifance à tout effleurer, ces graces dans toute les petites chofes; à peine en refte-t-il quelque trace; & Duncan ne fçait fi les Galligènes y perdent ou y gagnent. La langue n'eft pas moins défigurée, elle eft pourtant intelligible pour un François. Le fond de l'idiome eft l'ancien gaulois que

les Galligènes parloient dans leur origine. Mais outre que la plûpart des
conftructions font changées, ils ont
ajouté beaucoup de mots, la plûpart
tirés de la nature des chofes qu'ils
vouloient défigner, & non du grec,
ni du latin, ni de toute autre langue
qu'ils ignorent. Il eft arrivé de-là que
leur langue a peut-être plus de ru-
deffe, mais auffi plus de force que la
nôtre.

Une ifle auffi petite que celle qu'ils
habitent, ne peut nourrir un grand
peuple. Auffi les Galligènes ne vont
pas tout-à-fait à cent mille. Comme
ce n'eft en quelque forte qu'une famille qui s'eft acrue peu-à-peu, rien
ne les a empêché de former une république, telle à peu près que celle de
Platon, & de s'accommoder d'un gouvernement qui ne s'eft jamais établi
nulle part, qui, fans doute partout ailleurs, feroit impraticable, & qui même

ne fubfiftera peut-être pas long-tems
parmi eux. Ils vivent en commun :
terres, alimens, habitations, femmes,
enfans, tout eft à tous, rien n'eft à
perfonne en particulier.

Ils n'ont aucune églife, aucune fy-
nagogue, aucune mofquée, aucun
minarès. L'univers, difent-ils, eft le
feul temple digne de Dieu, & nous
devons l'adorer partout. Ils s'affem-
blent pourtant dans certains jours, tantôt en un endroit, tantôt en un autre;
on chante quelques hymnes, on fait
la lecture de leur loi ; des vieillards
exhortent le peuple, & c'eft en quoi
confifte le culte des Galligènes. Ils
n'ont point de prêtres, & même ils
entrent fi peu dans la fageffe de nos
établiffemens, qu'ils demandent d'où
vient qu'il fe trouve parmi nous des
hommes fpécialement deftinés à Dieu,
puifque tous font également tenus
envers lui, & que les devoirs de reli-

gion doivent être communs à chaque membre de la société.

Tout enfant appartient à la république, comme nous l'avons dit. Dès l'instant de sa naissance, on l'enléve à sa mere, à laquelle on ne permet pas même de le considérer, dans la crainte qu'elle ne le reconnoisse à l'avenir. Ainsi chez les Galligènes point de mere, de pere, de parens, d'époux, d'alliés ; ils sont tous freres, disent-ils, & la république est leur mere.

L'éducation est la même pour les deux sexes, quant à ce qui regarde les sciences ; & quand Duncan leur racontoit de quelle maniere nous nous comportons à cet égard, ils lui demandoient si nous étions dans l'opinion, que les femmes ne pensent pas. On auroit peine à croire à quel point cette conduite leur réussit. Quant aux connois-fances, au génie, au goût, les femmes égalent les hommes, & réussisfiſſent beaucoup mieux dans certains genres.

Leur hiſtoire ſeroit une mauvaiſe école pour un militaire. Aucune guerre n'illuſtra jamais cette nation aſſez heu-reuſe pour reſter dans l'obſcurité. Ils ne s'exercent à l'art militaire, que pour ſe défendre, s'il arrivoit qu'ils fuſſent attaqués.

Il n'exiſte aucune ſorte de diſtinction entr'eux. Perſonne ne s'éléve, perſonne ne rampe. On ne connoît ni cet abaiſſement qui flétrit le cœur, ni cette élévation qui enorgueillit l'ame. Nul n'eſt petit, parce que nul n'eſt grand. Conſéquemment tous doivent le travail de leurs mains à la République. L'impuiſſance de l'âge qui acquiert des forces, ou les perd, en exempte les jeunes gens & les vieillards; de ſorte qu'il n'y a guère que la moitié des citoyens qui ſoient employés, & cela deux fois la ſemaine ſeulement. Les autres jours font des jours de loifir. Ce travail leger fuffit, parce que leur terroir produit beaucoup, & que le luxe ne dévore rien.

De toute fociété naît l'ambition, & de l'ambition, l'amour de la propriété. Où tout eft commun, comme chez les Galligènes, on ne peut fatisfaire cette paffion, & c'eft une peine pour chacun d'eux. Où les loix donnent le droit de propriété, les uns ont beaucoup, les autres peu, la plûpart rien. Ceux qui n'ont rien, defirent quelque chofe; ceux qui ont beaucoup, defirent encore plus; & voilà encore des fujets de peine & de trouble. Prenez à cet égard comme à tout autre, tel parti que vous voudrez, vous rencontrerez toujours des obftacles au bonheur des hommes; vous les verrez toujours defirer d'être autrement qu'ils ne font. Il y a pourtant des gens paifibles & peu ambitieux qui s'accommodent du gouverne

ment des Galligènes, où rien ne leur
manque : comme il y a parmi nous des
ge 1s remuans & pleins d'ambition qui
s'accommodent de notre gouvernement, où leurs defirs peuvent fe déployer. Dans l'un & dans l'autre, il fe
trouve encore des efprits éclairés, des
hommes fages qui s'accommodent par
raifon des loix du pays où ils ont pris
naiffance, & vivent en paix : mais ceux-
là font rares.

L'induftrie, les arts, les fciences,
rien, parmi les Galligènes, ne peut être
encouragé par les récompenfes & les
prérogatives. Il ne peut y avoir de récompenfe où rien n'eft en propriété,
ni de diftinction où tous doivent refter
dans une parfaite égalité. Le defir même de s'attirer l'eftime de fes concitoyens, defir fi louable par-tout ailleurs, eft fufpect, & paffe pour une
foibleffe qui approche du vice ; tant on
craint que quelqu'un ne s'éléve au-def-

ſus du niveau. Ainſi la vertu eſt ſa propre récompenſe, & n'a d'autre aiguillon que l'amour de ſes compatriotes & le deſir de leur être utile. Eſt-ce un grand mal? » Oui, dit notre voyagèur, » & très-grand. Par elle-même la vertu » ne peut rien ; & quand elle pourroit » ſur certaines ames, combien d'autres » ne ſe remüent que par l'eſprit d'inté- » rêt ? Si vous voulez multiplier les ac- » tions vertueuſes, attachez-y des ré- » compenſes «. Jé doute que Duncan ait raiſon. Où ſe trouve des récompenſes, des rangs, des titres, des diſtinctions, là ſe multiplient les concurrences, qui ſouvent, au lieu d'exciter l'émulation, ſont une ſource intariſſable d'animoſités & de déſordres. Le méchant qui ne ſe ſoucie que du prix & non du mérite, pour y parvenir, eſſaye ſouvent des voies indirectes & des crimes couverts. Enfin les mains qui diſtribuent les fruits deſtinés à la vertu, ne

s'en acquittent prefque jamais avec in-
tégrité, & cette conduite enhardit le
mauvais citoyen, & décourage les bons.
L'abus des récompenfes produit au
moins autant de mal, que le bon ufage
qu'on en fait quelquefois produit de
bien. Ne vaudroit-il pas autant qu'il
n'y en eût point du tout ?

Comme les Galligènes n'ont rien en
propre, on ne voit perfonne fe ruiner,
ni perfonne s'enrichir ; on ne connoît
ni prodigalité, ni libéralité, ni ava-
rice. Cependant ils naiffent comme les
autres avec les difpofitions naturelles
qui font l'avare, l'économe, le prodi-
gue, & chacun voudroit que les biens
de la République fuffent adminiftrés à
fa maniere. » Nous n'ufons d'aucune
» précaution, difent les uns ; nous ne
» mettons prefque rien en réferve, &
» nous abandonnons au hafard la vie
» des citoyens. Que deviendroit-on ,
» par exemple, fi nos moiffons alloient

» manquer deux ou trois années consé-
» cutives. Nous ne jouissons pas, disent
» les autres : à quoi bon ces magasins
» fournis jusqu'au toît de tant de den-
» rées, dont la plûpart se gâtent ? On
» voit bien que nous sommes gouver-
» nés par des vieillards qui, toujours
» inquiets sur l'avenir, ne pensent ja-
» mais à jouir du présent «. Un hoi -
me laborieux voudroit que l'on doublât
les jours de travail, & s'employe lors
même qu'on n'exige rien de lui. Le pa-
resseux voudroit les diminuer, & s'es-
quive comme il peut, dès qu'il s'agit
de se mettre à l'ouvrage. L'homme de
lettres ne sçauroit se résoudre à quitter
la plume pour la bêche & le rateau : il
voudroit qu'on employât chacun selon
son talent ; qu'on donnât des filets au
pêcheur, & des livres au curieux, &
qu'on dît à l'un & à l'autre, voilà de
quoi vous occuper toute votre vie. D'un
autre côté, l'artiste & l'ouvrier ne com-

prennent pas comment on tolére les oï-
fives occupations de la littérature : ils
penfent que les lettres ne font propres
qu'à fomenter l'indolence, & donner de
la maladreffe dans les travaux effentiels
à la vie. » On voit, difent-ils, des gens
» qui font de très-bonnes odes , & qui
» ne pourroient pas faire cuire un pain
» à propos. Voilà des hommes grande-
» ment utiles à la fociété. Quand un
» poëte fe préfente à table , on devroit
» lui fervir les meilleures épigrammes
» & les plus beaux vers qui fe foient faits
» dans la République «. Avec une religion, des loix , des ufages & des
mœurs fi différentes de ce qu'on remar-
que parmi toutes les autres nations,
les Galligènes ont, comme on voit, les
mêmes défauts , font les mêmes plain-
tes , & font fujets aux mêmes troubles.

CHAPITRE

CHAPITRE IV.

Querelles & injures d'un nouveau genre.
Etonnement de DUNCAN. Il s'expli-
que & s'étonne de plus en plus.

Deux cit᾿yens se disputoient un
jour avec aigreur : Duncan étoit présent, & s'en applaudissoit ; car il vouloit connoître à fond les Galligènes, &
trouvoit l'occasion de s'instruire sur
leur maniere de quereller. Mon Dieu,
disoit l'un, ne me force point à te dire
des vérités que tu trouverois sans doute
un peu dures. Je ne crains rien, disoit
l'autre, tu peux parler ; je veux même
que tu t'expliques : à t'entendre, on
me prendroit pour un homme des plus
coupables ; &, grace au Ciel, je n'ai
rien à me reprocher. Ne diroit-on pas,
reprit l'agresseur, que voilà l'ame la
plus nette qui existe ? Tout le monde

Tome I.　　　　　　　　　B

fçait pourtant que c'eſt l'ami le plus ardent qui ſe trouve dans la République.
Qui, moi, un ami ardent, repliqua
l'accuſé ? Jamais perſonne ne le fut
moins. Je conviens que j'ai quelques
habitudes, puiſqu'aujourd'hui c'eſt la
mode ; mais d'amitié, je n'en eus jamais. Et vous, Monſieur le Cenſeur,
y a-t-il long-tems que vous n'avez vu
celui qui, l'autre jour, comme vous
vous noyiez, ſe donna tant de peine
pour vous ſauver la vie ? On n'ignore
pas combien vous êtes reconnoiſſant :
vous ne pouvez plus perdre votre bien-
faiteur de vûe, & vous vous êtes entiérement dévoué à lui. Voilà bien le
reproche le plus mal fondé que l'on me
puiſſe faire, reprit l'autre : depuis cette
aventure, je n'ai pas vu trois fois celui
à qui je dois la vie ; au contraire, je le
fuis, & je ne crois pas qu'on puiſſe ou-
blier plus parfaitement un bienfait.

A côté de Duncan, étoit un Galligè-

ne de fa connoiſſance , appellé Dorville , qui , comme lui , écoutoit tran-
quillement cette belle diſpute. Duncan
lui adreſſa la parole : Eſt-ce l'uſage , dit-
il , dans ce pays-ci , de laiſſer courir les
rues aux foux.

DORVILLE.

Il eſt vrai que voilà deux têtes bien
vertes. Ils ne penſent guère à quoi ils
s'expoſent. S'ils ſont tels qu'ils ſe di-
ſent , & que nos Magiſtrats viennent à
l'apprendre , on pourroit bien faire un
exemple , & renfermer ces querelleurs.
Peut-on ſe dire de pareilles duretés !

DUNCAN.

Miſéricorde ! je me trouve ſans doute
dans les petites-maiſons de l'Iſle. Mon
cher Monſieur Dorville , la tête vous a
donc auſſi tourné ? Je vous le diſois
bien , vous vous appliquiez à l'étude
d'une force.... Mais conſolez-vous ,

cela pourra revenir ; j'en ai vu d'auſſi
fous que vous . . . .

D O R V I L L E.

Entendons-nous, mon frere. Vous
dites qu'en bonne police on devroit
renfermer ces querelleurs ; j'en conviens avec vous : que trouvez-vous
d'extravagant en cela ?

D U N C A N.

Qu'y pourrois-je trouver ? Voilà deux
gens qui, pour s'inſulter, ſe traitent
d'amis zélés & d'hommes reconnoiſ-
ſans ; & vous ajoutez, *s'ils ſont tels, il
faut les renfermer.* Oh ! tout cela eſt ſans
doute fort ſenſé.

D O R V I L L E.

Je voyois bien que nous ne nous en-
tendions pas. Ainſi, Monſieur Duncan,
depuis que vous êtes parmi nous, exa-
minant nos figures & nos mœurs, vous

n'avez pas encore appris que nous regardons les liaisons particulieres & l'amitié, comme des pestes dans la République.

Duncan.

A dire vrai, je pourrois bien avoir tort. J'ai vu & entendu ici tant de choses extraordinaires, & directement opposées à l'opinion générale & au sens commun, que je devois bien penser que l'amitié si respectée & si respectable par-tout ailleurs, seroit ici en discrédit & de nulle estime.

Dorville.

Un peu plus de douceur, Monsieur Duncan, & ne pensez pas que nous regardions l'amitié prise en elle-même, comme quelque chose de reprochable. Nous respectons trop les liens qui peuvent unir les hommes entr'eux, leur assurer des secours mutuels, & adoucir

les peines inféparables de l'humanité.
Où rien ne peut fuppléer aux reffources de l'amitié, là nous la croyons néceffaire & digne des belles ames : mais
ici d'autres liens nous uniffent, & ces
liens ne pourroient être qu'affoiblis par
l'amitié; nous la rejettons avec juftice.
Ainfi ces liaifons fi étroites, ce commerce fi agréable, cette tendre follici-
tude, ces doux épanchemens des plus
fecrettes penfées, tout cela eft fort louable en Europe, & très-blâmable ici. En
Europe, formez prudemment des liaifons particulieres, & foyez ami fidéle;
c'eft une vertu. Ici, point de liaifons
particulieres, ni d'amitié; c'eft un crime.

D u n c a n.

Ce que vous dites-là peut être rai-
fonnable, mais certainement n'eft pas
clair. Voudriez-vous bien me développer cette énigme, & m'expliquer comment les hommes qui cherchent à vivre

dans la paix & l'union, peuvent se faire un crime de l'amitié ? ·

· **DORVILLE.**

Dans votre pays, chacun seme pour soi, moissonne pour soi, ne s'occupe que de soi. Le bien public présente une idée vague des devoirs que l'on doit à la collection de tous les citoyens, & n'emporte point l'idée des secours que l'on doit à chaque particulier. Il est bon que l'on cultive ce qu'on appelle amitié ; il est bon qu'elle multiplie les liaisons particulieres ; il est bon que ses liens soient respectés, & ses loix appellées saintes. Sans elle, à qui auroit recours le citoyen dans ses besoins les plus pressans ? Souvent ceux qu'il appelloit ses amis, l'abandonnent, que feront les autres ? Mais ici, c'est à la République à remplir les besoins de chaque particulier : on ne doit donc s'occuper qu'à mettre la République en

B iv

état d’y pourvoir. L’un n’a pas plus de
bien que l’autre ; rien n’eſt à perſonne ;
tout eſt à tous : on n’a donc pas plus de
ſecours à ſe promettre de celui-ci, que
de celui-là ; les liaiſons particulieres deviennent donc inutiles, & ne peuvent
ſoulager le citoyen : il y a plus, elles
ſont nuiſibles. Nous n’avons qu’une
mere, qui eſt la République ; nous ſom-
mes tous freres, & ne faiſons qu’une
famille ; & pour le bien d’une famille,
il faut que ceux qui la compoſent s’aiment également. Dans une ſociété où
des liaiſons particulieres forment d’autres petites ſociétés, les intérêts ſe di-
viſent, & bientôt la jalouſie, le mé-
contentement, la cabale & la haine y
jettent le trouble & les malheurs qui le
ſuivent. Chacun de nous travaille pour
tous les autres ; c’eſt la loi. Il faut donc
les aimer tous, afin de trouver de la
douceur dans les peines que nous nous
donnons pour eux. Mais, comme le cœur

humain n'a qu'une mesure d'attachement, ce que nous en donnons de plus
à quelques citoyens, nous l'ôtons à la
totalité ; & si nous donnons tout notre
attachement à quelques particuliers,
il ne nous reste pour les autres qu'un intérêt vague & de nul effet. Jugez-en
par vous-même & par vos compatriotes : votre amitié ne va-t-elle pas toujours en diminuant, de vos enfans à
vos amis, de vos amis à vos parens, de
vos parens à vos connoissances, où elle
s'éteint presque totalement ? Qu'en
reste-t-il pour ceux qui ne sont que vos
concitoyens ? Que feriez-vous pour eux,
& que ne feriez-vous pas pour un ami ?
Ainsi notre constitution qui se propose
de lier intimement chaque citoyen à
tous les autres, ne peut se dispenser de
rejetter l'amitié, & de la regarder comme un foible du côté du cœur, & un
vice à l'égard de la société.

B v

Duncan.

A ce que je vois, vous pouvez justi-
fier tellement quellement votre aver-
sion pour l'amitié. Mais comment jus-
tifierez-vous l'ingratitude, peut-être le
plus odieux de tous les vices? C'est où
je vous attends.

Dorville.

Pour rendre suspecte la reconnoissance, & nous la faire regarder comme
contraire aux bonnes mœurs, il suffiroit de considérer que c'est une des
sources des liaisons particulieres & de
l'amitié : mais'nous avons encore d'autres raisons. La République nous reçoit dès le berceau, prend soin de notre enfance & de notre éducation, & ,
tant que nous existons, pourvoit à tous
nos besoins. C'est donc à la République
que nous devons toute notre reconnoissance : nous ne la devons point à la

nourrice qui nous a donné le lait, au
maître qui nous donne des leçons, au
citoyen qui nous délivre d'un péril;
mais à la République, qui nous a donné
une nourrice, un maître, un conci-
toyen officieux. Nous sommes bien éloignés d'exiger qu'on oublie un bienfait;
nous voulons au contraire qu'on s'en
souvienne toujours, non pour chérir
particuliérement la main de laquelle
nous le tenons, mais pour chérir plus
que jamais la République qui nous a
présenté cette main. Ainsi nous n'anéan-
tissons pas la reconnoissance; nous lui
donnons seulement un autre objet, &
d'autant supérieur à celui que vous lui
proposez, qu'il est plus vaste, & qu'il
embrasse tous les citoyens. Il y a plus,
les services sont également,& peut-être
plus récompensés dans nos mœurs, que
dans les vôtres. Car si celui que j'oblige
partage sa reconnoissance & l'étend à
tous les citoyens, ces citoyens, obligés

B vj

par d'autres, partageront auffi leur reconnoiffance, & l'étendront jufqu'à
moi. Ce que j'aurois reçu en totalité
d'un feul, je le reçois de tous en détail.

D U N C A N.

Peut-être n'y a-t-il guère de folidité
dans tout ce que vous dites, au moins
y a-t-il quelque chofe de bien fpécieux.
Mais, je vous prie, éclairciffez-moi
fur un point. Chez nous, où l'amitié
eft fi vantée & fi utile, nous n'avons
prefque point d'amis. En trouver un,
c'eft trouver un tréfor. Chez vous où
l'on crie tant contre l'amitié, comment
vous en trouvez-vous?

D O R V I L L E.

Nous nous plaignons auffi, & non
fans raifon. Nos mœurs fe corrompent
vifiblement. Les liaifons particulieres
fe multiplient de jour en jour, & l'a-
mitié lie chacun des citoyens à un au-

tre. Chez vous, le refroidiſſement ſur le bien public & la rareté des amis, annoncent le déclin d'un état : chez nous, le refroidiſſement ſur le bien public & la multiplicité des amitiés, annoncent la décadence des mœurs & la chûte de la République.

CHAPITRE V.

*Histoire d'Almont. Il fuit fa patrie, &
s'embarque. Son vaiffeau menace de
couler à fond. Il fe lie au mât, pour
plus de fûreté, & l'inftant d'après eft
englouti.*

I c i Duncan juge à propos de raconter quelle
a été l'origine des Galligènes. Des chofes
qu'on va lire, il en a vu plufieurs, & ga-
rantit celles-là. Moi qui ne fuis pas moins
prudent que Duncan, & qui n'ai rien vu,
je ne garantis rien du tout.

A L M O N T, victime d'une querelle
de religion, fuyoit la France, fa patrie, & la perfécution de quelques compatriotes, dont le zéle s'acharnoit à le
perdre. Sa propre infortune le touchoit
peu ; mais une époufe vertueufe, une
fille âgée de quinze mois, un fils âgé
de deux ans, partageoient fes malheurs,

& fuyoient avec lui : pere tendre, époux fidéle & affectionné, leur sort le pénétroit de douleur. Il s'étoit embarqué avec eux, & alloit chercher le repos auprès d'un frere richement établi dans un climat fort éloigné. Sa navigation fut heureuse pendant trois mois ; mais la fortune, qui sembloit l'avoir oublié, lui préparoit des malheurs plus grands qu'il n'en eut essuyé. Vers le commencement du quatriéme mois, la femme d'Almont mourut ; & ce fut le premier signal des infortunes qui l'attendoient. Peu de tems après, le vent, changé & devenu impétueux au point de n'y pouvoir plus résister, emporta le navire, pendant quinze jours, loin de sa route, dans une mer vaste que les navigateurs ne fréquenterent jamais.

A cette tempête en succéda une autre beaucoup plus dangereuse. Le vent tomba, le ciel étoit sans nuages, aucune vague ne ridoit la surface des eaux,

lorſqu’on entendit tout-à-coup un bruit
ſourd, aſſez ſemblable à celui du ton-
nerre qui gronde dans le lointain. A
l’inſtant l’air s’obſcurcit, ſans pourtant
ſe troubler ; la mer commença à bouil-
lonner de toute part ; des vagues ſans
nombre ſe portoient impétueuſement
en tout-ſens, &, groſſiſſant peu à peu,
formerent enfin des collines d’eau qui
s’élevoient de tous côtés, ſe précipi-
toient les unes ſur les autres, & ſe bri-
ſoient avec un horrible fracas. Le navire ne réſiſta pas long-tems aux chocs
violens qu’il eſſuyoit. La charpente lâ-
chée en pluſieurs endroits, ouvrit des
voies à l’eau qui pénétra de tous côtés.
Alors les matelots, perdant tout eſpoir,
abandonnerent la manœuvre, & n’at-
tendirent plus que l’inſtant où le vaiſſeau alloit couler à fond. Egarés dans
une mer immenſe, & preſque ſûrs
qu’aucune terre ne leur offriroit un re-
fuge, que pouvoit leur ſervir de ſe jet-

ter à la mer, & de lutter quelque tems contre les flots? On se persuade toujours qu'un heureux hazard peut nous arracher au péril le plus éminent; & la derniere chose qui s'éteigne dans le cœur humain, c'est l'espoir. Matelots & passagers, tous se disposerent à se jetter à la nage : » Prolongeons, di- » soient-ils, notre vie autant que nous » pouvons, & donnons à la fortune le » tems de nous mettre en sûreté «.

Le seul Almont ne prit point ce parti. Chacun des autres ne s'occupoit que de lui-même; & dans la douleur que leur causoit le souvenir de leur famille & de leurs amis, au moins avoient-ils la consolation de penser que ceux qu'ils regrettoient n'étoient pas exposés au même danger. Mais ce qui restoit de plus cher au malheureux Almont, éprouvoit le même sort que lui. Ses enfans étoient sous ses yeux; il leur donnoit les derniers embrassemens, &

les arrofoit·de fes larmes. Le plus âgé
répondoit à fa tendreffe d'une manière
d'autant plus touchante, que, hors d'é-
tat de connoître le péril, il mêloit à
fes careffes une férénité qui perçoit le
cœur de l'infortuné Almont. A quoi fe
réfoudre ? Se chargera-t-il de fes deux
enfans, & fe jettera-t-il à la mer comme les autres ? Mais ce cher fardeau,
en lui ôtant la liberté des mouvemens,
l'empêcheroit de nager ; il faudroit pé-
rir avec lui. Les abandonnera-t-il dans
le vaiffeau qui va s'enfevelir fous les
eaux ? Effayera-t-il de fe fauver feul ?
Mais l'image de fes enfans abandonnés,
engloutis & fuffoqués, eft pour lui mille
fois plus cruelle que la mort. Il ne peut
fe fauver avec eux ; il ne veut pas fe
fauver fans eux. Sans mouvement & le
regard fixe, il refta un inftant comme
tranquille, car rien ne reffemble tant
à l'infenfibilité, que l'extrême acca-
blement, & comme fe réveillant d'un

affoupiffement : » Enfin, dit-il, voici
» le terme que la Providence a prefcrit
» à mes infortunes : elle finit les mal-
» heurs du pere, & prévient ceux des
» enfans. Innocentes victimes, pour-
» quoi m'attendrir fur votre fort ? Nés
» dans le fein de l'adverfité, quels
» biens auriez-vous à efpérer ? La for-
» tune acharnée contre moi, m'auroit
» encore pourfuivi dans vous. Termi-
» nons une vie confumée par moi dans
» l'amertume, & commencée par vous
» fous de fi malheureux aufpices. Quand
» on eft ainfi né, le meilleur eft de
» mourir au plutôt «. En difant ces paroles, il plaça fes enfans fur fon fein,
s'enveloppa avec eux dans fon manteau,
&, afin que la mort même ne pût les fé-
parer, il fe fit lier au pied d'un màt,
par un matelot qui, malgré fon propre malheur, trouvoit encore des larmes pour pleurer celui d'Almont. Ainfi
ce pere tendre préféra la douceur de

mourir dans les embraſſemens de ſes enfans, à l'eſpoir qu'il pouvoit, comme les autres, conſerver, de ſauver ſa vie.

Cependant le moment fatal approche, l'eau gagne de plus en plus, les gémiſſemens & les cris redoublent, le navire, hors d'équilibre, plonge & s'enſevelit.

CHAPITRE VI.

Almont sort du fond de la mer, accompagné d'une isle.

Almont ne peut dire combien de tems il resta sous les eaux; il perdit bientôt connoissance. En reprenant ses sens, il vit avec étonnement qu'il n'étoit plus au fond de la mer, mais en plein air. Cet étonnement fit place à une passion plus forte : l'aîné de ses enfans pleuroit amerement, & sa fille étoit sans mouvement. Il perdit de vûe tout autre objet; & prenant entre ses bras cet enfant qu'il croyoit mort, il ne vit point sur son visage ces traits tristement défigurés qui annoncent une destruction irrémédiable. Il lui entrouvrit la bouche, & y appliquant la sienne, son souffle souleva à différentes reprises la poitrine de l'enfant, qui ensuite s'abaiſſoit d'elle-même. Ce mouvement répété remit peu à peu le ſang en mouvement, & bientôt des pleurs & des cris lui annoncerent qu'il avoit rendu la vie à ſa fille. Alors le pere mêlant ſes larmes avec celles de ſes enfans, les preſſa ſur ſon ſein, & tâchoit de leur faire paſſer le peu de chaleur & de vie qui lui reſtoient. Enfin leurs forces ſe rétablirent peu à peu, le ſang reprit ſes routes ordinaires, & leurs eſprits ſe calmerent.

Ce fut alors qu'Almont jetta les yeux autour de lui, & n'apperçut que quelques piéces de roches où le navire s'étoit engagé ; à quelques pas de-là, des plantes extraordinaires, & dans le lointain, une plaine que ſes yeux ne pouvoient ſuivre juſqu'à ſon extrémité. Le vaiſſeau, tout maltraité qu'il étoit, ne s'étoit pas entiérement briſé, & gardoit encore ſa forme : il le quitta pour reconnoître le pays. Les eaux que différentes profondeurs avoient retenues, étoient salées ; les plantes qu'il apper- cevoit de toutes parts, étoient des plantes marines ; à chaque pas il ren- controit des poissons, ou morts, ou ex- pirans. Son étonnement redoubla ; & ce ne fut qu'après bien des réflexions, qu'il conçut enfin comment il étoit sorti du fond des eaux, & se trouvoit dans une isle.

L'ouragan qu'il avoit essuyé, n'a- voit point été causé par une tempête ordinaire. Les vents les plus impétueux ne mettent en mouvement que la su- perficie des eaux ; ici la mer s'étoit sou- levée jusques dans ses profondeurs ; les fonds s'étoient ébranlés, & leurs se- cousses portant les eaux en sens contrai- res, avoient formé ces collines liquides qui se heurtoient & se brisoient avec tant de fracas. Une secousse plus forte que les autres, avoit détaché & élevé au-dessus des eaux un terrein de plu-

fieurs lieues d'étendue ; & dans le dé-
placement confus des matériaux , le hazard avoit fourni à ce terrein des fonde-
mens affez folides pour qu'il reſtât au-
deſſus du niveau de la mer. C'eſt ainſi
qu'un tremblement de terre avoit fauvé
Almont , & en même tems lui avoit
formé une habitation.

CHAPITRE

CHAPITRE VII.

Belle économie d'Almont. Il seme; il plan-
te; met des œufs à couver, & fait des
réflexions morales très-profondes.

Almont retira du navire, seule
ressource qui lui restoit, les matériaux
& les outils dont il avoit besoin, & se
bâtit une cabane de planches. Il en retira aussi quelques vivres à moitié cor-
rompus par l'eau de la mer. De poissons
& de coquillage, il n'y en avoit presque point encore autour de cette nouvelle terre. Les jours suivans, il fit le
tour de son habitation, & vit que c'é-
toit une isle. Il fit quelques observa-
tions astronomiques, & fixa sa position.
Enfin il parcourut l'intérieur, exami-
nant les ressources qu'on en pouvoit tirer. Le résultat de ses recherches fut,
premiérement, qu'il se trouvoit au mi-

C

lieu d'une mer vaste, dans une iſle jet-
tée loin de la route des navigateurs, &
qu'il n'y avoit nulle apparence que perſonne vînt le délivrer ; ſecondement,
que toute l'iſle étoit ſablonneuſe, &
conſéquemment décidée ſtérile ; troi-
ſiémement, qu'il ne s'y trouvoit pas un
ſeul ruiſſeau, une ſeule ſource d'eau
douce : trois obſervations après leſ-
quelles il ne reſtoit qu'à mourir. Almont n'en fit pourtant rien.

Quelques jours après, en cheminant
dans cette iſle qu'il regardoit moins
comme ſon habitation, que comme ſon
tombeau, il apperçut, dans un endroit
où les terres s'étoient éboulées, ies différentes couches qui formoient le ſol.
La premiere, qui étoit de ſable, avoit
un demi-pied de hauteur, & couvroit
tout le territoire de l'iſle ; celle de deſ-
ſous étoit d'une tetre franche, & promettoit la plus grande fécondité. A
l'inſtant il s'éloigne, fouille en divers

endroits, & trouve par-tout la même chose : un mineur qui, après un travail opiniâtre, retrouve enfin la veine qu'il avoit perdue, n'est pas saisi d'une joie si vive. Almont courut avec empressement au navire, &, jettant un coup-d'œil de mépris & d'indignation sur les riches marchandises dont il étoit chargé, sur cet or & cet argent si estimés, & qui lui étoient si inutiles, il chercha des richesses plus réelles. Il passa plusieurs jours dans les perquisitions les plus exactes ; & trouva les trésors dont l'Historien nous laisse la liste suivante. *Une grappe de raisin, quatre pommes & deux poires flétries & presque entièrement desséchées. Dix noyaux de différens fruits, trouvés dans la chambre du Capitaine. Deux noix, deux marons & six noisettes, trouvées dans les poches d'un habit de matelot. Beaucoup de menues graines tirées d'un mauvais foin qui avoit servi à des emballages. Une poignée de différens bleds, engagés entre des planches mal unies en différens endroits du navire. Un cornet de papier plein de toutes sortes de graines de légumes & de fleurs, trouvé dans la cassette d'un passager. Une grande pannerée d'œufs de différentes volailles, dont trois douzaines se trouverent sains & entiers.* Voilà les richesses d'Almont ; richesses immenses qui dans la suite couvrirent l'isle & nourrirent un peuple.

Il confia ses graines à la terre, après avoir pris toutes les précautions qu'il put imaginer. Quant aux œufs, il les fit éclore suivant la méthode de M. de Réaumur ; & c'est la premiere fois qu'un François l'ait employée utilement. Les grains répondirent au-delà de ses vœux, & ses volatiles prospérerent assez pour en pourvoir l'isle. Trois mois n'étoient pas écoulés, qu'il commença à jouir du fruit de ses travaux. Des légumes fraîches & salubres revivifierent son sang & celui de ses enfans qui de jour en jour dépériffoient : leur fanté fe fortifia peu à peu, & celle d'Almont fut bien-tôt rétablie.

Almont étoit pourvu des chofes de premiere néceffité : fon ifle ne lui four-niffoit point d'eau, mais il efperoit que les pluies y fuppléeroient abondam-ment ; il commença d'être un peu plus tranquille fur fon fort & celui de fes enfans. Jufqu'alors il avoit été plongé dans une continuelle mélancolie. Ses malheurs lui étoient toujours préfens ; & l'idée de ce qu'il avoit perdu, lui caufoit un chagrin qui étouffoit la joie que les avantages qui lui reftoient euf-fent dû lui caufer. » Les hommes font » donc ainfi faits, difoit-il ; la priva-» tion de ce qu'ils n'ont pas, corrompt » le plaifir dont ils jouiffent. Ce qui eft » à nous, eft vil à nos yeux ; ce qui » nous manque, paroît feul digne de » confidération, &, comme le refte, » s'avilit dès que nous en jouiffons.

» Notre raifon ne fçauroit mettre un
» jufte prix aux chofes, & l'expérience,
» qui tous les jours nous inftruit, ne
» peut ni convaincre, ni corriger. Quelle
» conduite eft la mienne? Je me nour-
» ris d'amertume, en réfléchiffant per-
» pétuellement fur les infortunes que
» j'ai effuyées; & rien de ce qui m'en-
» vironne maintenant, n'eft capable de
» faire renaître la férénité dans mon
» ame. Les forces croiffent à propor-
» tion qu'on en ufe : effayons de for-
» tir de cette langueur qui retient mes
» fens dans les glaces de la mélanco-
» lie. Si je ne puis être fage au point
» de faire mon bonheur, foyons-le du
» moins affez pour n'être pas malheu-
» reux «.

Les efforts d'Almont ne furent point
infructueux; le calme fe rétablit peu à
peu dans fon efprit, &, dès ce moment, fa trifteffe, comme une maladie
parvenue à fon plus haut point, fe dif-

fipa par degrés. Il attribua fa guérifon
à la fageffe de fes réflexions ; mais le
tems, fa fanté rétablie, fon fang hu-
meété & rafraîchi, y contribuerent
peut-être encore plus.

CHAPITRE VIII.

Soucis d'Almont, qui ne trouva pas une goutte d'eau à boire. Il court après un brouillard. Arbre singulier. Duncan le décrit, n'en désigne ni le genre, ni l'espéce, & fait de belles phrases dont les Naturalistes lui sçauront peu de gré.

CEPENDANT le tems n'amenoit point les pluies qu'avoit attendues Almont. L'eau que le navire lui avoit fournie, commençoit à lui manquer, & ce qui lui restoit, tendoit à la corruption. Il voulut s'assurer si la terre ne renfermeroit point quelque veine cachée de cette eau tant desirée. Avec des peines incroyables, il creusa dans les endroits qui lui parurent les plus propres à en contenir. Plusieurs mois se passerent dans cette sollicitude & ces travaux : peines inutiles ; il ne trouva que de

l'eau falée, ou amere, ou d'un goût re-
butant. Défefpérant de trouver ce qu'il
cherchoit, toutes les extrémités où le
réduiroit la difette d'eau, fe préfente-
rent à fon imagination, qui les groffit
encore; il ne crut plus pouvoir fubfif-
ter dans fon ifle, & n'eut plus devant
les yeux, que les befoins, la langueur,
& même la mort dont il étoit menacé.

Un jour d'été, le foleil, deux heures
après fon lever, commençant à échauf-
fer l'air, Almont, que la trifteffe avoît
retenu dans fa cabane, en fortit, &,
jettant les yeux fur fon habitation ari-
de, il apperçut, à près de trois lieues
de lui, fur le bord de la mer, un brouillard épais qui lui parut fortir de terre,
& prendre de l'étendue dans l'atmof-
phere, à mefure qu'il s'élevoit. Surpris
& réjoui d'un phénomene qui fembloit
lui promettre de l'eau douce, il mar-
cha vers cet endroit : mais à proportion
qu'il avançoit, le brouillard devenoit

C v

moins fenfible; & quand il fut fur le
lieu même, il n'en apperçut plus du
tout.

En cet endroit, la mer forme un
golphe d'une lieue de large. L'eau n'y
monte qu'à peu de hauteur, & les plus
bas fonds ne font pas à quatre pieds de
profondeur. Mais ces fonds, formés de
fables, de fragmens de coquilles, de
terres limoneufes, s'imbibent aifément,
de forte qu'autant que l'eau furmonte
ces fonds, autant elle les pénetre. Les
plantes qu'Almont, vers l'origine de
l'ifle, avoit obfervées dans ce golphe,
dès-lors furmontoient l'eau de plufieurs
pieds. Depuis elles s'étoient élevées
confidérablement, mais ne reffem-
bloient plus à ce qu'elles avoient été.
Dès qu'elles furent expofées à l'air, les
anciennes feuilles, qui avoient pris
leur naiffance & leur accroiffement au
fond des eaux, n'étant plus environnées
du même élément, moururent; & le

tronc en avoit jetté de nouvelles & d'une autre forme. Ces plantes, diftribuées d'endroit en endroit, par touffes, fembloient de jeunes arbres pleins de vigueur, & paroiſſoient regorger de ſuc. C'eſt tout ce qu'Almont obferva ſur le lieu : il ne voyoit point d'où avoit pu procéder le brouillard qui faifoit l'objet de ſes recherches. Il prit le parti de reſter & d'attendre le ſerein, dans l'eſpoir que ce brouillard ſe renouvelleroit. Il s'aſſit à l'extrémité d'une petite langue de terre qui s'avançoit dans le golphe, & paſſa le reſte du jour ſous une touffe formée par ces plantes déja aſſez grandes pour le protéger de leur ombre.

Il ne ſe trompa point : la fraîcheur qui ſuccéda au coucher du ſoleil, fit reparoître les vapeurs ; mais il ne fut pas plus inſtruit ſur leur origine. Tandis qu'il méditoit profondément ſur ce phénomene extraordinaire, le brouillard, qui s'étoit épaiſſi peu à peu, ſe diſſipa de même, de maniere qu'à l'entrée de la nuit, il n'en reſtoit aucun veſtige. Au même inſtant, Almont ſentit tomber quelques gouttes d'eau ſur lui ; il obſerva en même tems qu'il n'en tomboit point aux environs, mais ſeulement au-deſſous des arbriſſeaux ſous leſquels il s'étoit mis à couvert. Surpris, il ſe leva, & porta la main aux feuilles qui ſe trouverent à ſa portée ; elles étoient toutes mouillées. Il goûta cette liqueur, & trouva que c'étoit de l'eau pure, ſans la moindre ſaveur.

Ainſi les arbres du golphe pompoient l'eau de la mer, la filtroient abondamment, & la rendoient potable. Dans le cours de la journée, la chaleur réduit l'eau filtrée en vapeurs déliées, inappercevables ; vers le ſoir, la fraîcheur condenſe ces vapeurs, & les rend viſibles ; pendant la nuit, le froid augmente ; il ſe fait peu d'évaporation & point de brouillard ; l'eau filtrée par les pores des feuilles, se rassemble sur ces feuilles mêmes, forme des gouttes, & tombe : on peut alors présenter des vases aux arbres filtrans, & recevoir l'eau qui découle. C'est ainsi qu'Almont découvrit, avec une joie qu'on ne peut exprimer, les sources d'eau vive qui devoient le désaltérer, lui & sa race future.

Almont ne connut pas d'abord tout le prix de la découverte qu'il venoit de faire. Peu de tems après, le Verseau (c'est ainsi qu'il nomma cet arbre singulier) donna des fleurs ; ces fleurs donnerent des fruits ; ces fruits, de l'huile contenue dans une pulpe, & au milieu de cette pulpe, une coque divisée en cellules pleines de petites semences farineuses. En même tems il se forma sur le pédicule des feuilles, de petites excrescences de la forme d'une figue, couvertes d'une pellicule assez mince, mais impénétrable à l'eau, & remplies

d'une espéce de gomme saline : de maniere qu'en filtrant l'eau de la mer , le
Verseau la décompose en quelque sorte,
& présente à part chacun de ses principes ; l'eau coule des feuilles, le sel s'ac-
cumule dans la gomme , les parties hui-
leufes & bitumineufes se logent dans
la pulpe.

Un seul arbre donne du pain, de
l'huile, du sel, de l'eau, & seul peut
suffire à la nourriture de l'homme. Mais
ce n'est pas-là le plus merveilleux : la
gomme saline s'unit à l'eau & à l'huile,
& forme avec elles une liqueur tranf-
parente, nourriffante, singuliérement
agréable à l'œil & au goût, & si parfaitement combinée , que rien ne peut
la décompofer. Duncan ne se souvient
pas d'avoir bu aucune liqueur rafraî-
chiffante qu'on puiffe mettre en paral-
léle.

Si jamais nous pouvons joindre nos
freres les Galligènes , nous ferons bien

d'acheter d'eux pour rien, & de vendre en Europe très-cher, cette admirable gomme. Il ne sera pas difficile de la mettre en crédit parmi nous : on sçait comme nous donnons dans tout ce qu'on veut. On pourroit, par exemple, prendre quelques arrangemens avec la Faculté : les Médecins mettroient la gomme saline sous leur protection, & bientôt elle fortifieroit l'estomac, rassureroit la tête, dissiperoit les vapeurs ; que sçais-je moi. Par curiosité, par fantaisie, par mode, chacun s'empressera de s'en pourvoir. Bientôt l'habitude en feroit un besoin ; & à proportion qu'elle deviendroit nécessaire, à proportion on en augmenteroit le prix. Quelle nouvelle source pour la Finance ! Mais c'est trop insister sur des réflexions que nos gens à projets feront bien sans moi, & avec bien plus de sagacité : je reviens aux Galligènes.

Dans la suite, les fils d'Almont couvrirent d'une voûte fpacieufe, prefque toute l'étendue du golphe. Cette voûte forme en-dehors une plate-forme, &, d'efpace en efpace, eft percée de trous ronds à peu près d'un pied de diamétre. Le verfeau qui naît & végete au-def-fous, fe courbe quand il atteint la voû-te, & rampe jufqu'à ce qu'il rencontre une de ces ouvertures, par laquelle il paffe, s'éleve & fe déploie en plein air. La plate-forme eft tellement difpofée, que les gouttes qui tombent du verfeau, s'y raffemblent par petites veines, qui, par leur réunion, forment un ruiffeau affez confidérable. C'eft ce ruiffeau qui traverfe la ville, comme nous l'avons dit, & fournit aux befoins des Galligènes.

CHAPITRE IX.

*Le fils & la fille d'Almont se disent des
douceurs qui les menent un peu loin.*

ALMONT s'accoutumoit à sa soli-
tude. Le tems s'écouloit insensiblement,
& les années ne lui parurent pas plus
longues qu'en Europe. Ses enfans croissoient sous ses yeux ; & le plaisir de les
voir, lui tenoit lieu de tout autre. Èn-
fin ils toucherent au printems de l'âge.
La nature ornoit Almontine (c'étoit le
nom de sa fille) de ces graces touchan-
tes destinées à inspirer les tendres sentimens, & disposoit son cœur à recevoir les mêmes impressions. Telle une
fleur long-tems cachée sous les enve-
loppes de son calice, se dégage peu à
peu, &, pénétrée d'une chaleur vivi-
fiante, s'épanouit, & étale toute sa
beauté.

Almont avoit plufieurs fois réfléchi fur cet objet : il n'ignoroit pas que le frere & la fœur ne fe verroient pas toujours d'un œil tranquille, & ne fçavoit comment fe comporter à cet égard. » Hors de la fociété, fe difoit-il à lui- » même, leur prefcrirai-je ce que la » fociété exige ? Si je pouvois détour- » ner leurs defirs, & les fixer fur un » autre objet, je ne balancerois pas un » inftant ; mais ne pouvant leur donner » un autre cours, il faut les éteindre. » Que dis-je, les éteindre ? Eft-il en » mon pouvoir ? Si je puis feulement » les engager à les vaincre : mais, fi » l'amour doit les enflammer, mes foins » feront inutiles ; mes précautions mê- » me pourroient être dangereufes «. Almont prit donc le parti de fermer les yeux fur la conduite du frere & de la fœur.

Almontine, toujours aux côtés d'un frere dont elle étoit aimée tendrement, ne le chériffoit pas moins : elle n'avoit de plaifirs, que ceux qu'elle partageoit avec lui ; & fi la mort l'eût enlevé, elle n'auroit pu furvivre. Quel nouveau nœud pouvoit encore refferrer un tel attachement ? L'amour ; ce fentiment flateur, ce charme puiffant, ce penchant impérieux, maître de tous les autres qu'il abforbe, ou dont il tient lieu.

Almontin, fon frere, jouiffoit encore de toute la tranquillité de l'enfance, lorfque fa fœur reffentit les premieres atteintes de l'amour. Elle ne le vit plus fans émotion. Prefque fans ceffe elle fixoit fur lui des regards tendres, qu'elle n'en détournoit qu'en foupirant. Agitée, inquiéte, troublée par un mélange de peine & de plaifir qu'elle ne pouvoit concevoir, elle perdit cette gaieté vive de l'enfance, & tomba dans une douce mélancolie qui peut-être ne la valoit pas. » Almontin, cher Al-

» montin, m'aimes-tu toujours, difoit-
» elle quelquefois ? Toujours avec la
» même tendreffe , répondoit - il. Et
» c'eft de quoi je me plains , reprenoit
» vivement fa fœur. Je t'aimai long-
» tems comme tu m'aimes : mais au-
» jourd'hui mon attachement croît ; je
» voudrois que le tien augmentât de
» même. Cet attachement que j'avois
» pour toi , je crois plutôt que je ne l'ai
» plus : un autre bien différent , & in-
» finiment plus touchant, a fuccédé ;
» un charme que je ne puis compren-
» dre , te rend, à mes yeux , tout au-
» tre que tu n'étois. Que ne puis-je
» t'expliquer tout ce qui fe paffe dans
» mon cœur ; mais je ne le conçois pas
» moi-même : que ne puis-je plutôt te
» le communiquer , & t'infpirer tout
» ce que tu m'infpires ! Mais non : com-
» me un jeune arbre planté & cultivé
» des mains d'Almont, ta beauté croît
» de jour en jour , & ma tendreffe croît

» à proportion : chez toi l'âge ne fait
» rien en ma faveur ; ton attachement,
» qui reste toujours au même point, ne
» le prouve que trop «. Almontin ne
répondoit à ces tendres reproches, que
par d'innocentes caresses, qui, loin de
porter le calme dans le cœur d'Almontine, ne faisoient qu'en augmenter le
trouble.

Le frere ne tarda pas à partager les
sentimens de la sœur ; le même feu se
glissa dans ses veines ; le même charme
se répandit sur ses sens : Almontine
fut pour lui ce qu'il étoit pour elle.
Atteints d'une ardeur dont ils ignoroient la nature, inquiétés par des desirs dont ils ne voyoient pas le but, ils
languissoie   tout près de la volupté,
entre les plaisirs & les peines. Quelquefois, en comparant leur ancien attachement à la passion dont ils étoient
agités, ils regrettoient le repos dont
ils avoient joui ; mais ils aimoient leur

trouble actuel. » Si nous ne ressentions
» que des peines, disoient-ils, nous fe-
» rions nos efforts pour vaincre nos pen-
» chans : mais pourrions-nous nous pri-
» ver du plaisir de nous aimer? Tant de
» douceur peut-elle être mêlée d'amer-
» tume « ?

Enfin la nature ou le hazard éclaira
ces amans. Almont devint grand-pere,
& ne sçut s'il devoit s'en applaudir, ou
s'en affliger. D'un côté, l'image de la
population future de son isle, le flat-
toit ; d'un autre côté, l'origine des insulaires le chagrinoit. Il ne put cependant résister long-tems à la joie de donner à son isle, des habitans dont il se
promettoit de faire le bonheur, par un
sage gouvernement ; &, tant les sentimens des hommes sont variables, lui-
même, dans la suite, autorisa, par ses
loix, ce qu'il n'avoit pu voir d'abord
qu'avec répugnance.

CHAPITRE X.

La famille d'Almont est menacée d'une nudité générale. Après bien des perquisitions inutiles, il fait un faux pas, tombe, & trouve ce qu'il cherchoit. Description d'une plante aérienne. Etoffes qui rajeunissent à l'usé.

LA famille d'Almont augmentoit d'année en année, & les soins paternels croissoient à proportion. Du côté des alimens, l'isle étoit suffisamment pourvue ; mais du côté des vêtemens, tout manquoit. Parmi les semences dont il avoit tiré un parti si avantageux, il ne s'en trouva pas une de lin. Un grain unique de chanvre, semé & suivi avec soin, avoit donné une plante vigoureuse, mais une plante femelle qui, n'étant pas atteinte des émanations fécondes du mâle, ne fournit que des se-

mencés mortes qui ne produifirent rien.
Il n'y avoit pas un feul quadrupede dans
toute l'ifle , & conféquemment point
de laine , point de peaux dont on pût
fe revêtir. Almont avoit fait des effais
fur l'écorce d'un grand nombre d'arbres
& d'arbriffeaux , & n'en avoit pu tirer
parti. Cependant le magafin d'étoffes
tirées du navire, diftribuées avec économie, & ménagées avec tout le foin
poffible, commençoit à s'épuifer : la
famille d'Almont étoit menacée d'une
nudité générale & prochaine. Il réfolut de parcourir de nouveau toute fon
habitation , & d'y faire une derniere
recherche. Lorfque l'ifle fortit des eaux,
elle étoit couverte de plantes : la plûpart périrent, n'ayant plus d'eau qui
les environnât & les nourrît ; quelques-
unes tirerent leur nourriture de la terre,
& , de marines qu'elles avoient été, devinrent maritimes. Ces plantes avoient
multiplié , & couvroient tous les endroits

droits de l'ifle qui n'étoient pas culti-
vés, fur-tout ceux qui fe trouvoient
à peu de diftance de la mer. C'é-
toit parmi toutes ces plantes, que
notre pere de famille en cherchoit qu'il
pût fubftituer au lin & au chanvre. Ses
perquifitions durerent plufieurs jours,
& furent inutiles. Il défefpéra de trouver ce qu'il cherchoit ; &, pénétré de
chagrin, il reprenoit le chemin de fa
cabane, lorfque fon pied, engagé dans
une forte de mouffe très-déliée, mais
très-forte, lui fit faire un faux pas : il
perdit l'équilibre, & tomba affez ru-
dement. A peine relevé, il porta les
yeux fur ce qui l'avoit arrêté avec tant
de force, & vit que c'étoit une plante formée d'un affemblage de filets
plus minces, plus legers & plus forts
que la foie : c'étoit un lin aërien. Il
s'éléve dans l'air, & flote au gré des
vents. Telles, fous les eaux de la mer,
ces plantes, ornées de différentes cou-

Tome I.　　　　　　　　　D

leurs, & compofées de filamens prefquè imperceptibles, fans force dans leur tige, fans roideur dans leurs parties, fe foutiennent à la faveur de l'eau, & s'agitent au gré des flots. Heureufe chûte, dit-il, qui me fait découvrir ce que je cherche depuis fi long-tems ! Il apperçut autour de lui, de côté & d'autre, quelques touffes de la même plante : mais à peine eut-il fait cinquante pas, qu'il n'en trouva plus du tout. Il n'en chercha point ailleurs; il lui tardoit d'annoncer à fes enfans cette heureufe découverte. Il fe rendit auprès d'eux, & leur montra quelques échantillons de la plante aërienne. Allez, leur dit-il, répandez-vous dans l'ifle; cherchez les endroits qui produifent un lin qui nous devient de jour en jour fi néceffaire; moiffonnez la moitié de ce que vous trouverez, & revenez le plutôt qu'il fera poffible.

Les fils d'Almont partirent, la joie

dans le cœur : en peu de jours, ils eurent parcouru toute l'étendue de l'isle. Le lin aërien y étoit rare ; ils n'en trouverent qu'en trois endroits différens & de peu d'étendue. La récolte fut donc peu abondante ; à peine eut-on de quoi fournir une robe à chacun des enfans d'Almont. Mais cela ne troubla point la joie que cette découverte leur caufoit : ils comptoient que la culture multiplieroit ce dont la nature fembloit fi avare.

Almont enfeigna aux femmes les différentes manieres de filer, & aux hommes, l'art ingénieux du Tifferan. On penfe bien que ces nouveaux ouvriers ne firent pas des chefs-d'œuvre : mais les matériaux qu'ils employoient, étoient d'une fi grande beauté, que, malgré le peu d'art, les étoffes fe trouverent d'un éclat & d'une qualité qui les rendoit égales, & peut-être fupérieures à ce que les Européens vantent le plus dans ce genre.

Il n'y a point de couleurs, il n'y a
pas même de nuances, dont le lin aërien
ne soit varié ; & les couleurs sont si vives, que l'œil à peine en contient l'é-
clat. Ce qu'il y a de plus extraordinaire,
c'est qu'à mesure que l'étoffe s'use, les
couleurs, au lieu de se ternir, deviennent plus vives ; de sorte que les habits
les plus frais, les plus éclatans & les
plus recherchés, sont ceux qui ont été
portés le plus long-tems. D'un autre
côté, les étoffes sont très-fortes, quoique très-minces, & résistent des siécles.
Duncan a vu des habits presque aussi
anciens que la République, & c'étoient
les plus beaux qu'il y eût dans l'isle.

Les étoffes des Galligènes ont encore une autre qualité, & non moins
admirable. La moindre chaleur, telle
que celle du corps humain, en tire des
émanations qui embaument l'air. Ces
odeurs n'ont de force, que ce qu'il en
faut pour être senties, & varient com-

me les couleurs. Un bon fabriquant d'étoffes, est un bon parfumeur : non-seulement il nuance les couleurs de maniere qu'elles frappent agréablement les yeux, mais encore de maniere que les odeurs combinées frappent agréablement l'odorat. Pour l'ordinaire, quand les couleurs sont bien entendues, le parfum est très-suave ; & dire qu'une robe sent bon, c'est dire qu'elle est belle & de bon goût. C'est par les émanations, qu'on distingue les habits : on dit, mon habit odeur d'œillet, odeur de violette, fleur d'orange, &c. Il y a plus ; dans les assemblées & les cercles, les odeurs de divers habillemens se mêlent, se confondent, & n'en forment plus qu'une, plus ou moins agréable, suivant les circonstances. Il y a même des Galligènes qui jugent du succès d'une entreprise, par l'odeur combinée des habits de ceux qui se réunissent pour l'exécution. » Si une

» chaffe a manqué , & n'a pas fourni ,
» faut-il s'en étonner, dira-t-on ? Quand
» les chaffeurs fe font affemblés , l'o-
» dorat étoit offenfé à s'en trouver
» mal «. Comme parmi nous , on dit
chez les Galligènes , avoir bon nez ,
pour fignifier être habile à prévoir
les événemens : mais ils prennent
l'expreffion au fens propre , & nous la
prenons au figuré. Pour prédire l'avenir , les anciens examinoient la fumée ,
le feu , le vol des oifeaux , & autres
chofes de cette importance : les Galligènes vont flairant , & réuffiffent tout
auffi-bien.

On crut long-tems que le lin aërien
étoit une plante ; le nom qu'on lui con-
ferve encore , le défigne : mais un ob-
fervateur trouva que c'étoit la produc-
tion d'un infecte très-mince , & fi le-
ger , qu'il n'eft guère plus pefant qu'un
égal volume d'air. Cet infecte forme un
très-petit bouton qui termine chaque

filet de la plante aërienne. Quand il a
cessé de filer, il se forme une coque,
dans laquelle il dépose un nombre infini d'œufs presque imperceptibles, que
l'on prenoit pour des graines. Il vit probablement d'air, comme la plûpart des
coquillages vivent probablement d'eau;
& file le lin aërien, comme la moule
file la soie dont elle se sert pour s'attacher aux rochers. Mais la moule est
pourvue d'une sorte de colle qui lui sert
à fixer, sur le rocher, l'extrémité de
son fil; & l'insecte dont nous parlons,
en est dépourvu. La colle dont il a besoin, sort des pores d'une plante. Par-
tout où l'on applique cette matiere
gluante, les œufs s'y attachent, s'y dé-
veloppent avec la plus grande facilité,
& l'insecte, à peine éclos, entame son
travail. Ces découvertes ont demandé
du tems : il n'y a guère que soixante
ans qu'on connoît tous ces mysteres.
Auparavant, les étoffes étoient très-

D iv

rares parmi les Galligènes, parce qu'ils
ne pouvoient réuſſir à multiplier l'eſpéce. Ils ſemoient des œufs, comme on
ſeme du grain, & s'étonnoient de ne
rien moiſſonner.

CHAPITRE XI.

La famille d'Almont découvre, d'elle-
même, des vérités qu'il n'auroit pas dû
leur cacher. Disputes de religion. Al-
mont les appaise comme il peut ; &,
pour affoiblir les sectes, il les tolere
toutes.

LA découverte du lin aërien, fut la
derniere que fit Almont ; mais elle ne
laiſſoit plus de beſoins à ſa famille.
Cette ſûreté, & pour les fils d'Almont,
& pour leurs deſcendans, fit naître,
dans les eſprits, un calme qui acheva
de faire le bonheur de cette République naiſſante. Dans la ſuite, Almont
devint biſayeul ; &, voyant l'iſle que
la Providence avoit tirée des eaux pour
lui ſervir d'habitation, en état de fournir aux beſoins, & même aux plaiſirs,
il porta ſes regards au-delà de ceux de

D v

fes defcendans qui étoient autour de lui, & vit, dans l'avenir, le peuple entier qui devoit naître de fon fang. Ce tableau toucha fon cœur : fes foins s'étendirent jufqu'à ce peuple futur ; &, pour en affurer le bonheur, par des loix fages, il cc çut le projet, je n'ofe dire le plus dangereux, mais le plus fingulier qui pût lui tomber dans l'efprit.

Les affaires de religion lui avoient jadis attiré tant de malheurs, &, malgré les loix & la police de fon pays, il avoit effuyé tant de difgraces, qu'il réfolut de laiffer fa famille dans une parfaite ignorance, & de ces loix, & de cette religion. Craignant auffi d'en fubftituer d'autres qui valuffent moins, il crut que le plus prudent étoit d'abandonner fes defcendans à leur propre naturel, & de les laiffer fe former eux-mêmes des maximes de conduite & des mœurs, dont il auroit foin de tirer des loix pour l'avenir. La seule chose qu'il leur recommanda, fut de s'aimer mutuellement. » Le même sang coule » dans vos veines, leur disoit-il, & » tous vos freres sont d'autres vous-mê- » mes. L'intérêt de l'un, doit être l'in- » térêt de l'autre. Faites donc du bien » à celui qui vous en fait, à celui qui » ne vous en fait pas, à celui qui vous » fait du mal, s'il s'en trouve dont le » cœur soit assez dur. Aimez, & par- » donnez; c'est le seul moyen d'être » heureux, & de faire des heureux, » de vivre en paix avec les autres, avec » soi-même «. Chéri & respecté com- me celui auquel ils devoient tout, Al- mont avoit, sur ses fils, toute l'influen- ce qu'il devoit avoir. Il examinoit leur conduite, leurs plaisirs, leurs peines, leurs liaisons, leurs querelles. Il en- courageoit les uns, reprimandoit les autres, & les exhortoit tous, & tou- jours, à s'aimer, à s'obliger, à s'excu-

D yj

fer réciproquement. D'après ce qu'il obfervoit, il dreffoit fon plan de légiflation, qu'il continua de perfectionner le refte de fa vie, & qu'il ne publia que peu de tems avant fa mort.

En formant le cœur de fes defcendans, il ne négligeoit pas leur efprit : il leur donnoit le principe de toutes les fciences & de tous les arts néceffaires, utiles & d'agrément. Jamais il ne toucha un mot des ufages, des loix, des mœurs, de l'hiftoire des autres habitans de la terre ; & dans la fuite on fçaura pourquoi. Ainfi l'agriculture, un petit nombre d'arts & l'étude des fciences partageoient les occupations de la lignée d'Almont.

Un jour qu'il étoit environné de fa famille, un de fes fils prit la parole en ces termes : » Ecoute, fage Almont : » tes enfans te parlent par ma bouche : » ils vont aujourd'hui t'expofer des dou- » tes fur lefquels ils réfléchiffent depuis

» plusieurs années. Ils se sont tus jus-
» qu'à ce jour, parce que toi-même tu
» gardes le silence sur l'objet de leurs
» recherches. Maintenant leurs réfle-
» xions les accablent ; ils vont s'expli-
» quer : écoute & juge. Nous voyons
» bien qu'une plante naît d'une autre
» plante ; un animal, d'un autre ani-
» mal : mais les premieres de toutes
» ces plantes, les premiers de tous ces
» animaux, qui leur a donné l'être ?
» Nous voyons que le feu est un princi-
» pe d'activité qui met toute la nature
» en mouvement : mais ce principe lui-
» même, quelle main l'a mis en jeu ?
» Il existe des corps ; chacun de ces
» corps a sa place dans l'ordre des êtres,
» & tout obéit à des loix immuables :
» mais ces corps, pourquoi existent-ils ;
» cette place qu'ils occupent, qui la
» leur a désignée ; ces loix qui réglent
» leurs mouvemens, qui les a prescri-
» tes ? L'ouvrage annonce l'ouvrier ;

» le navire, un constructeur ; & l'uni-
» vers, un être suprême. C'est lui qui
» allume le soleil pour éclairer les ha-
» bitans de la terre, comme Almont,
» dans l'ombre de la nuit, allume un
» flambeau pour éclairer sa famille.
» Voyez les cantons de notre isle , où
» nos travaux ne se font pas étendus :
» une nature sauvage annonce que la
» main intelligente de l'homme n'en a
» point approché. Voyez les lieux où
» nous avons planté des bosquets , alli-
» gné des avenues , construit des habi-
» tations , & semé nos grains : tout y
» marque la sagesse d'Almont , le tra-
» vail de ses fils , & l'intelligence acti-
» ve des uns & des autres. Si les élé-
» mens étoient confondus , & que l'u-
» nivers ne formât qu'un cahos , je de-
» manderois encore pourquoi cette
» masse informe existeroit. Mais les élé-
» mens mis en œuvre , toutes choses
» rangées à leur place , les êtres orga-

» niques naiſſant, croiſſant, mouvant
» ſelon les loix qui leur ſont impoſées,
» l'univers entier déployé avec tant
» d'ordre & de magnificence : un tel
» ouvrage peut-il laiſſer le moindre
» doute ſur l'intelligence & la puiſſan-
» ce infinie de l'ouvrier? O ſage Al-
» mont, que ne devons-nous pas à tes
» ſoins ! Tu nous as donné le jour ; tu
» as pourvu à notre ſubſiſtance ; tu nous
» as enſeigné les arts qui font la dou-
» ceur de la vie ; tu as développé les
» facultés de notre ame, & tu nous
» apprends à penſer. Mais que ne de-
» vons-nous pas encore à celui qui nous
» a donné l'être, qui répand autour de
» nous de quoi ſatisfaire nos beſoins,
» de qui nous tenons ce germe d'intel-
» ligence que tu prends tant de ſoin à
» cultiver? Que ne devons-nous pas à
» celui auquel nous te devons toi-mê-
» me ? Comment nous expliquer à lui ;
» comment lui marquer notre recon-

» noiſſance ; comment lui rendre les
» hommages qui lui ſont dûs ? Eclaire
» tes enfans, ſage Almont ; ôte - les
» d'erreur, s'ils y ſont tombés ; &, s'ils
» ont entrevu la vérité, acheve de la
» développer à leurs yeux «.

Pénétré des raiſons que ſa bouche
annonçoit, l'Orateur des fils d'Almont
parloit avec feu ; ſa voix avoit je ne ſçai
quoi de touchant ; il intéreſſoit, il fai-
ſoit aimer les vérités qu'il montroit.
Ses freres portoient leurs regards, tantôt ſur lui, & ſembloient l'encourager,
tantôt ſur Almont, & tâchoient de voir,
dans ſes yeux, ce qui ſe paſſoit dans
ſon cœur. Almont, comme un homme
qui apprend inopinément le ſuccès
d'un projet important, prêtoit une
oreille attentive : ſon ame, ſurpriſe &
émue, goûtoit un plaiſir inexprimable,
& ſes yeux ſe mouilloient de ces larmes délicieuſes que répandent la tendreſſe & la joie. Il embraſſa ſes enfans,

& les félicita d'être parvenus d'eux-mêmes aux grandes vérités dont il attendoit avec impatience qu'ils lui parlaſſent. Il les exhorta à ſe pénétrer de plus en plus de la reconnoiſſance qu'ils devoient à cet Être créateur & bienfaiſant, que les ſeules lumieres naturelles leur avoient décelé. Enfin il inſtitua des fêtes particuliérement deſtinées à lui rendre hommage : & telle fut la premiere lueur de religion qui éclaira les Galligènes.

Pluſieurs années s'écoulerent, ſans que les deſcendans d'Almont avançaſſent plus loin, du côté de la religion : mais, dans la ſuite, de nouvelles réflexions leur firent faire de nouveaux progrès. Ils ſe demandoient, les uns aux autres, quelle étoit la ſubſtance qui, dans eux, ſentoit, deſiroit, raiſonnoit. Les uns crurent que la matiere, par l'organiſation, prend la faculté de penſer, & la perd par la deſtruction de

ces mêmes organes. Les autres ne con-
cevoient point qu'un élément pût devenir penſant, par la ſeule raiſon qu'il
ſe trouve poſé d'une certaine maniere
à côté d'un autre : ils crurent que l'ame
eſt immatérielle. L'opinion des premiers arrête l'imagination à la deſtruction de la machine : mais l'opinion des
autres ouvre une porte aux conſéquen-
ces les plus étendues. Si ce qui penſe
dans nous eſt immatériel, il eſt indeſ-
tructible : que devient-il à la mort ?
Rentre-t-il dans une maſſe totale de
ſubſtance penſante, comme le corps
retourne à la maſſe totale des élémens ?
Va-t-il animer un autre corps ? Tombe-
t-il entre les mains de l'Être tout-puiſ-
ſant, qui lui faſſe un ſort heureux, ou
malheureux, ſelon ſon mérite ? Cha-
cune de ces opinions, & pluſieurs autres trouverent des partiſans ; de ſorte
que la famille d'Almont ſe diviſa en je
ne ſçai combien de ſectes. Les diſputes

devinrent fréquentes, & s'animerent ;
& la diſſenſion vint à tel point, qu'Almont s'en apperçut. Il frémit, en ap-
prenant quelle en étoit la cauſe. » O
» ciel ! s'écria-t-il, des hommes igno-
» rans, & qui paſſent leur vie ſans pen-
» ſer, ne ſont guère au-deſſus de la
» brute ; & des hommes inſtruits qui
» réfléchiſſent, ne peuvent vivre en
» paix «. Il calma, de ſon mieux, les
eſprits, en remontrant que chacun
voyoit à ſa maniere, & qu'il ne falloit,
ni s'en étonner, ni s'en choquer ; que
celui qui ſe croyoit le plus près de la
vérité, en étoit ſouvent le plus éloigné ; qu'il falloit ſe défier de ſentimens que l'on prend & que l'on
quitte avec des raiſons toujours les mêmes, & qui ne perdent ou n'acquierent
de poids, que ſelon notre façon de les
enviſager ; que la diverſité des opinions
devoit diminuer la confiance que nous
avons aux nôtres, & non pas nous aigrir

contre celles de nos freres ; qu'enfin l'erreur étoit digne de pitié, & non pas de haine. En même tems il prit le parti de porter une loi qui établiroit une pleine liberté de penſer ſur tous ces objets.

Jamais loi ne fut mieux obſervée. Il n'y a peut-être pas aujourd'hui cent Galligènes qui tiennent la même opinion ; & la République eſt diviſée en un nombre infini de ſectes. De-là, l'eſprit de parti, les diſputes éternelles, les invectives ſubſtituées aux raiſons, les repliques ameres, les animoſités, dont la plûpart ſe terminent en haines & en perſécutions ſourdes : & voilà les hommes. Forcez-les d'adopter telle opinion, la moitié perdra plutôt la vie : laiſſez-leur la liberté de penſer, ils en abuſeront, & la moitié ſera haïe de l'autre, & la haïra.

CHAPITRE XII.

Siécles d'or des Galligènes. Belles Sentences de Duncan : on les refute.

LE bonheur qui peut se troubler par la disett , & s'affermir par l'abondance, a toujours son principe dans le cœur : c'est-là qu'il faut le faire germer. Tant qu'Almont vécut, il contint les esprits, non par cette sévérité que les loix opposent au vice, mais par cette crainte filiale qui attache au devoir & le fait aimer. Dans ces tems fortunés, les Galligènes furent vraiment heureux ; ils avoient de la vertu & le nécessaire.

De quelque côté qu'on portât les yeux dans l'intérieur & sur les bords de l'isle, tout annonçoit l'abondance. Les herbes marines étoient devenues des pâturages. Mille espéces de poissons en tiroient leur subsistance, & habitoient les grottes humides formées par les vuides qui se trouvoient entre les rochers. Des coquillages de tout genre, y trouvoient aussi leur nourriture. Ceux-ci, immobiles & fixés sur les fonds, recevoient leur aliment de l'eau dont ils étoient environnés. Ceux-là, rampans sous les eaux, alloient de côté & d'autre chercher une nourriture plus solide. Divers oiseaux marins s'étoient aussi établis sur les côtes. Les uns voloient en rasant les eaux, observoient leur proie, & se plongeoient rapidement pour la saisir. Les autres, rassasiés & sans besoins, s'élevoient dans l'air, planoient à perte de vue, sembloient s'éloigner pour ne plus revenir, & reparoissoient l'instant d'après : l'air retentissoit des cris que la nature tiroit de leurs organes agréablement affectés. D'autres, pour construire leurs nids, se retiroient au midi de l'isle, où la chaleur favorisoit leurs travaux. Là ils bâ-

tiſſoient leurs nids; là prenoient naiſ-
ſance leurs petits; là ſe traçoit le tableau des ſollicitudes maternelles.

Dans l'intérieur de l'iſle, les oiſeaux
domeſtiques multiplioient de toute
part. De jour en jour les plantations
s'embelliſſoient. Nourris dans un terroir neuf & fertile, les arbres s'élevoient avec vigueur; les ombrages devenoient plus épais; les promenades
plus agréables; les fruits plus abon-
dans & plus ſavoureux; les moiſſons
plus étendues & plus riches: tout prenoit, autour des Galligènes, une face
riante, & leur ame, que nul chagrin ne
reſſerroit, s'ouvroit toute entiere à ces
ſentimens délicieux qu'inſpire la ſim-
ple nature.

Un travail aiſé les occupoit de tems
en tems, ſans les fatiguer. C'eſt ainſi
que le ſage, qui jouit à la campagne
du repos que ne goûterent jamais les
habitans des villes, occupe quelquefois

son loisir des travaux, des arts & de l'agriculture.

Ils ne connoissoient point ce desir inquiet d'être tout autre chose que ce que l'on est ; fruit malheureux de la différence & de l'inégalité des conditions. Ils avoient tous le même sort, & l'un n'étoit point un objet d'envie pour l'autre. Les biens & les maux leur étoient communs : dans l'origine ils avoient eu les mêmes craintes, en considérant ce qui leur manquoit ; dans la suite ils eurent la même joie, en considérant qu'ils étoient pourvus de tout ce qui leur étoit nécessaire. Sans idées que celles que leur avoit données Almont, ils ne connoissoient d'autres usages, d'autres vertus, d'autres plaisirs, d'autres biens que les leurs. Sans doute on ne peut être plus heureux qu'ils étoient, si on le peut : ils l'ignoroient, & nul desir ne troubloit leur tranquillité.

Peu

Peu versés dans cette morale subtile, qui fait tant de dissertateurs & si peu de vertueux, ils avoient cette simplicité de cœur qui embrasse la vertu par instinct, & la trouve aimable par elle-même, sans savoir pourquoi.

Almont, qui avoit pourvu à leur nourriture, qui leur avoit donné des vêtemens, qui leur enseignoit les arts, qui leur prêchoit la vertu, la pratiquoit & la faisoit aimer, Almont, qui ne s'étoit occupé que de leur bonheur, étoit l'objet de leur tendresse & de leur vénération. » Quelle douleur pour Al- » mont, disoient-ils, si je néglige ce » devoir, si je me venge de cette in- » jure, si je donne ce chagrin à mon » frere « ! » Quel plaisir pour Almont, » si je rends ce service à sa famille, si » je fais cette action vertueuse, si je » sauve mon frere de ce péril « ! La satisfaction d'Almont étoit la mesure de celle de ses descendans ; son cha-

grin faifoit le leur , & fa volonté étoit
leur loi. Que de vertus fous la conduite
de ce vieillard vertueux ! C'étoit vraiment le fiécle d'or des Galligènes.

Duncan , qui raconte tout ceci d'a-
près la tradition , fait en cet endroit
de profondes réflexions, comme à fon
ordinaire. Il ne croit pas plus au fiécle
d'or des Galligènes , qu'au fiécle d'or
des poëtes , & au regne des dieux d'E-
gypte. ,, Voilà comme les peuples font
,, faits, dit-il ; ils voyent ce qu'ils font,
,, & fentent ce qu'ils devroient être.
,, On fe forme l'idée d'une focieté
,, beaucoup plus vertueufe que celle
,, dont on fait partie ; on réalife en-
,, fuite cette idée en l'attachant à fes
,, ancêtres , & , comparant cette fo-
,, ciété imaginaire avec la fociété ac-
,, tuelle , on crie à la corruption. On a
,, tort ; les hommes ont toujours été
,, les mêmes , quant au fond ; ils n'ont
,, changé que dans la forme ; il y a tou-

» jours eu des méchans , des gens bas ,
» des traîtres , des scélérats. Un tems
» peut se comparer à l'autre ; si nous
» ne valons rien , nos peres ne valoient
» pas mieux , & sans doute les Galli-
» gènes ont toujours été ce qu'ils sont «.

Je ne suis point du tout de l'avis de Duncan , & je crois assez au siécle d'or de la famille d'Almont. Tous les établissemens sont admirables dans leur nouveauté. L'ardeur des chefs qui veulent fonder solidement leur ouvrage ; le zèle des particuliers qui s'attachent à affermir un établissement dont ils se regardent , sinon comme auteurs , du moins comme coadjuteurs ; le desordre qui n'ose encore se montrer dans ces tems de ferveur ; tout cela contient les esprits , & maintient la loi. Mais , dans le laps des tems , quand l'établissement est devenu solide , les fondateurs & les coadjuteurs n'existent plus ; on cesse de s'intéresser à soutenir , avec

fermeté, un régime qu'on n'a ni établi,
ni perfectionné ; le zèle se refroidit &
s'éteint. Les desordres perdent peu-à-
peu ce qu'ils avoient d'odieux , se multiplient, & même deviennent de mode.
Les loix sont mal observées ; les vices
s'accréditent ; un siécle de fer succede
au siécle d'or. Et, comme avec le tems ,
la société s'est formée & perfectionnée ,
avec le tems , & par degrés , elle dégé-
nere , décline & tombe. Ainsi rien
n'empêche de croire que les Galligènes
ont été beaucoup mieux qu'ils ne sont ,
qu'entr'eux les vertus sont bien plus
rares qu'autrefois , & que leur République penche vers sa chûte , comme
beaucoup d'autres.

CHAPITRE XIII.

Loix qui ne plairont pas à bien des Lec-
teurs. Duncan n'en dit rien ; mais il
n'en penfe pas moins.

COMME un vieux chêne que la feve
abandonne peu à peu , laiffe chaque
année quelques rameaux fans feuilles,
& finit par fe deffécher entierement,
Almont , après une longue vie , déchut
peu à peu de fa vigueur, & menaçoit
ruine. Après avoir effuyé une longue
fyncope , fentant que fa fin n'étoit pas
éloignée , il fit affembler fa nombreufe
famille. » Mes enfans , leur dit-il , je
» vous ai tous appellés, pour vous faire
» mes derniers adieux. Je termine une
» carriere dont le commencement à été
» orageux, la fin confolante, & la to-
» talité laborieufe. Depuis votre exif-
» tence, je me fuis oublié moi-même,

» pour ne m'occuper que de vous.
» Toutes vos paſſions m'ont ému, com-
» me vous-mêmes : j'ai vu vos fautes
» avec amertume, comme ſi je les euſſe
» commiſes, & voſ vertus avec joie,
» comme ſi votre mérite eût été le
» mien. Je vais maintenant, dans le ſein
» de la Providence, goûter le repos
» que j'ai toujours deſiré, & dont je
» n'ai jamais joui. Je vous quitte ; mais
» mon cœur reſte parmi vous, & ma
» tendreſſe ira au-delà du tombeau.
» Souvenez-vous de votre pere com-
» mun ; ſouvenez-vous de ſon amour
» pour vous ; ſouvenez-vous d'Almont,
» non pour rendre un vain hommage
» à ſa mémoire, mais pour vous affer-
» mir dans la pratique des vertus.

» Tant que j'ai vécu, j'ai été le lien de
» votre ſociété : maintenant que la mort
» m'enleve pour jamais de ces lieux,
» qui me repréſentera parmi-vous ?
» Qui veillera ſans ceſſe à la paix & au

» bon ordre ? Ecoutez, mes enfans,
» j'ai rédigé des loix, dans lesquelles
» j'ai fait paſſer toute mon ame. Al-
» mont ne mourra pas totalement, il
» reſpirera dans ces loix ; il continuera
» de vous éclairer, de vous guider, de
» veiller à votre bien-être. Jurez de les
» obſerver ; jurez pour vous, pour vos
» deſcendans, pour toute votre poſté-
» rité ; donnez à votre pere commun
» la conſolation de voir que vous affer-
» miſſez pour jamais votre repos &
» votre bonheur «.

On fit enſuite la lecture des loix ;
elles étoient conçues en ces termes :

» Nous adorerons Dieu, & nous
» l'adorerons en eſprit ; ſans lui élever
» aucun temple, car il eſt par-tout ;
» ſans lui dreſſer aucune ſtatue, car on
» ne le peut figurer ; ſans lui faire au-
» cun ſacrifice, car il ne demande que
» l'hommage du cœur.

» Nous nous aimerons mutuelle-

» ment comme enfans de la même
» mere , qui eſt la République : les
» liens du ſang que nous ne connoî-
» trons pas, ne réuniront point, ſur une
» ſeule famille , un attachement que
» nous devons au corps des citoyens.

» Aucun n'aura rien qui ſoit à lui ;
» tout ſera à la République , tout ap-
» partiendra à tous.

» On ne dira jamais , cette femme
» eſt à moi ; car chaque femme ſera
» l'épouſe de tous les citoyens , chaque
» citoyen ſera l'époux de toutes les
» femmes.

» Nul ne verra perſonne au-deſſus
» de ſoi , ni perſonne au-deſſous ; nous
» ſerons tous égaux : les vieillards nous
» ſerviront de Magiſtrats ; mais la ſou-
» veraineté réſidera dans le peuple aſ-
» ſemblé.

» De toutes les occupations de la
» vie , aucune ne nous paroîtra préfé-
» rable aux autres ; car celles qu'on

» pourroit prendre pour les moins re-
» levées , font toujours les plus utiles :
» tel, livré hier aux fciences les plus fu-
» blimes , aujourd'hui , la bêche à la
» main , labourera la terre , & faura
» qu'il y a tems pour penfer & tems
» pour agir.

» Aucun de nous ne prétendra fatis-
» faire toutes fes paffions , & n'afpirera
» point à une félicité parfaite qui ne fe
» trouve nulle part : nous tendrons au
» plus grand bonheur poffible , & nous
» le trouverons en ne nous écartant
» jamais des loix «.

Pendant le difcours d'Almont , pendant la lecture des loix qu'il propo-
foit , l'affemblée étoit l'image de la
défolation. Les uns , profternés contre
terre ; les autres, triftement penchés fur
le lit d'Almont ; ceux-ci, la tête baiffée
& le regard abattu ; ceux-là, les yeux
& les mains élevés vers le ciel ; tous
baignés de leurs larmes , annonçoient,

E v

par des fanglots, leur reconnoiffance, leur tendreffe, leur douleur & leur foumiffion.

Almont les fit approcher l'un après l'autre, & leur fit prêter ferment entre fes mains. Il les embraffoit enfuite, en leur recommandant la douceur, la paix & l'amour de leurs freres.

Cette trifte cérémonie demanda du tems. Almont fembloit devoir fuccomber ; mais l'importance qu'il attachoit à cet acte authentique, fon amour paternel porté au plus haut point, en ce moment où il alloit s'éteindre avec fa vie, enfin le fpectacle de fa famille affligée & foumife, avoient ému fes fens : un mouvement de fievre lui prêta une force paffagere ; fon vifage s'étoit revivifié ; fes yeux éclatoient d'une lumiere douce & vive, & fa voix avoit quelque chofe de plus qu'humain.

Mais à peine eut-il achevé, que la fiévre tombée l'abandonna à toute fa foiblesse : son teint pâlit ; ses yeux s'obscurcirent ; sa voix mal assurée à peine se fit entendre : » Je meurs, dit- » il ; adieu, chers enfans, soyez fidèles » à vos sermens, & sur-tout aimez- » vous mutuellement «. Il ne pronon- ça pas distinctement ces derniers mots ; il expiroit.

En ce moment fatal, les fils d'Al- mont jetterent des cris douloureux : ils s'embrassoient, ils se serroient étroite- ment, en gémissant. Ils jurerent de nouveau, sur le cadavre de leur pere commun, qu'ils seroient à jamais ob- servateurs de ses loix. » Almont est » mort, disoient-ils, &, avec lui, no- » tre plus douce satisfaction. Ses yeux » ne verront plus le bonheur de ses en- » fans ; ses paroles ne nous encourage- » ront plus à la vertu. Qui nous aimera » comme il nous aimoit ? Qu'aime- » rons-nous autant que nous l'aimions ? » Il n'est plus : qu'au moins ses dernie-

» res volontés vivent à jamais parmi
» nous, & passent chez nos derniers
» neveux «.

Ainsi mourut Almont; & telles sont
les loix qu'il laissoit aux Galligènes. De
ces loix tirent origne leurs usages divers, leurs opinions dominantes, leur
morale, souvent si singuliere, & quelquefois bisarre. Les anciens lui succé-
derent sous le nom de Magistrats. On
suivit exactement ses plans, & pour le
gouvernement, & pour les établissemens qu'on devoit faire, à proportion
que la population augmenteroit. On
bâtit la ville sur le lieu même qu'il avoit
désigné. Enfin toutes ses volontés ont
été exécutées de point en point : Almont semble encore gouverner les Galligènes. Mais tout est bien déchu, disent-ils, quant aux mœurs, aux vertus,
& conséquemment au bonheur.

CHAPITRE XIV.

Profonde sageſſe de Duncan, qu'on n'en veut pourtant pas croire.

Outre ces loix, il y a, chez les Galligènes, bien des réglemens, que notre frere de France n'a jamais pu goûter. Tel eſt, par exemple, celui dont nous allons parler. L'étendue & la fécondité de l'iſle conſidérées, & calcul fait, Almont avoit trouvé que ſon habitation ne pouvoit fournir à une ſubſiſtance aiſée, que pour cent mille hommes. En conſéquence, il avoit fait un réglement, par lequel il étoit ordonné que, dès que le nombre des citoyens auroit monté à plus de cent mille, on feroit abſtinence des femmes, juſqu'au tems où ce nombre feroit diminué. Voilà ce que Duncan ne pouvoit paſſer à un Légiſlateur de Galligenie.

» Un principe que toute faine poli-
» tique doit fe propofer, difoit-il,
» c'eft de favorifer la population. Dans
» une fociété, comme dans une famille,
» c'eft une chofe horrible que de dire,
» nous aurons foin de n'avoir que tel
» nombre d'enfans. Favorifer la popu-
» lation, c'eft être, après Dieu, le
» créateur des hommes. Mettre obfta-
» cle à leur naiffance, équivaut à les
» tuer. Plus les hommes multiplient,
» plus l'induftrie trouve de reffources à
» leur fubfiftance. Ces terres font-elles,
» auffi fécondes, qu'elles peuvent le
» devenir par un travail affidu? A quoi
» bon ces bofquets & ces promenades?
» Que ne defféche-t-on cet étang d'eau
» falée, plus propre à vos plaifirs, qu'à
» rien d'utile «?

En vain on lui repréfentoit qu'il ne
fuffifoit pas de multiplier les hommes,
pour les nourrir feulement, qu'il falloit auffi penfer à leur bonheur; qu'on

ne voyoit pas qu'il fût si beau de donner l'être à des hommes, pour les attacher à des rochers , & leur faire gagner, à force de travail & de sueur,
une vie qui ne promettroit qu'une con-
tinuation de peines. Duncan vouloit
absolument qu'on multipliât, qu'importe quel dût être le sort des multi-
pliés.

» Nous autres, ajoutoit-il, qui som-
» mes philosophes, & qui entendons
» si bien les intérêts de l'humanité,
» quoique nous ne pensions guère à
» rendre les hommes heureux , cela
» n'empêche pas que nous ne cher-
» chions tous les moyens possibles d'en
» accroître le nombre ; & nous avons
» là-dessus les beaux livres du monde.
» Parmi vos freres d'Europe, beaucoup
» ne se marient point : ce sont autant
» de fleurs qui avortent & ne produi-
» sent aucun fruit. De ceux qui se ma-
» rient , la plûpart ne veulent avoir

» qu'un petit nombre d'enfans, & se
» comportent en conséquence : ils crai-
» gnent autant d'en avoir une certaine
» quantité, que de n'en avoir point du
» tout. La politique n'a jamais pu réuf-
» fir à détruire ces syftêmes dangereux,
» & même la religion a menacé en vain.
» Quoi qu'on leur dife à cet égard, ils
» vous répondent tous : rendez - nous
» heureux, nous voudrons bientôt avoir
» des enfans auxquels nous puiffions
» faire part de notre bonheur. Mauvais
» raifonnement, comme vous voyez ;
» car il faut commencer par avoir des
» enfans, avant que de s'occuper de
» leur fubfiftance & de leur bien-être.
» Quand on a vu donc qu'il n'y avoit
» rien à gagner fur ces gens-là, la po-
» litique s'eft tournée habilement d'un
» autre côté, & l'on a pris un biais. On
» s'eft avifé d'introduire & de favorifer
» de toutes fes forces, les arts pure-
» ment de luxe. Des familles fans nom-

» bre y trouvent leur subsistance, &
» multiplient à la place de ceux qui se
» refusent à la population, mais dont
» les dépenses nourrissent les autres.
» Outre cela, nous avons des terres sté-
» riles, & nous avons dit, plaçons là
» des hommes qui multiplient, & qui
» tirent, comme ils pourront, leur
» nourriture de ces terroirs ingrats.
» Vous voyez qu'assez peu soucieux de
» ce qu'ils deviendront, nous faisons
» pourtant tout ce qu'il est en nous pour
» avoir des hommes. Il est vrai que
» nous ne réussissons guère. Il n'y a pas
» un siécle que nous avions beaucoup de
» terres en friche, & qu'à peine on
» avoit une idée du luxe : la popula-
» tion cependant alloit beaucoup mieux
» qu'aujourd'hui. Mais cela viendra :
» au moins tous nos livres disent que
» cela doit venir «.

J'admire les raisonnemens de Dun-

can : mais mon avis eſt qu'Almont
avoit raiſon , & que les Galligènes ont
une bonne loi.

CHAPITRE XV.

Des connoiſſances, interdites aux Galli-
gènes, deviennent, comme de raiſon,
les plus répandues parmi eux.

LES deux Galligènes qui, les premiers, avoient accueilli Duncan ſur le
bord de la mer, avoient eu raiſon de
lui dire que, ſi loín de ſa patrie, il ſe
trouveroit pourtaȟt en pays de connoiſſance. Il vit, avec étonnement, qu'un
peuple, reclus dans une petite iſle, &
ſequeſtré du reſte des nations, les con-
noiſſoit pourtant, comme s'il les avoit
fréquemment pratiquées. A chaque
inſtant, ils entroient avec lui dans les
détails les plus curieux; &, comme il
le dit lui-même, il trouvoit à s'inſtruire
ſur ſes propres mœurs, à pluſieurs mil-
liers de lieues loin de chez lui.

Il leur demanda comment, ſans

avoir aucune communication avec les hommes , ils les connoiſſoient ſi bien , & par quels moyens inouïs ils pouvoient ſe faire un tableau ſi précis de toute la terre , ſans qu'aucun d'eux eût jamais ſorti de ſon étroite habitation. » Nous
» n'avons eu qu'un Maître , lui répon-
» dit-on , mais un grand Maître : c'é-
» toit Almont. Almont, heureuſement
» pour ſes deſcendans , étoit inſtruit.
» Conſommé dans pluſieurs genres , il
» avoit, ſur les autres , ces principes
» lumineux qui menent ſi loin un eſprit
» clairvoyant. Il ſe fit un devoir de
» faire paſſer à ſes fils , toutes ſes con-
» noiſſances , ſur-tout celles qui con-
» cernoient la phyſique , les mathéma-
» tiques, les arts & métiers. Ce que les
» circonſtances & le petit nombre des
» ſiens lui permettoient , il le mettoit
» en pratique ; le reſte, il l'enſeignoit
» de bouche ; il en écrivoit des traités,
» & donnoit ainſi des leçons à ſes deſ-

» cendans futurs. Tandis qu'Almont
» s'occupoit de ces écrits utiles, qui
» devoient paſſer dans les mains de
» tous ſes deſcendans indiſtinctement,
» il travailloit à un autre, qui, tant
» qu'il vécut, ne fut lu de perſonne,
» & qui, après ſa mort, ne devoit être
» conﬁé qu'aux ſeuls anciens. Pluſieurs
» fois il fut tenté de jetter ce manuſcrit
» au feu. Il n'en fit rien, &, dans ſa
» préface, il en dit les raiſons. *Les*
» *choſes*, dit-il, *que je traite ici, ſont*
» *d'une telle nature, que je ne ſçai s'il*
» *n'eût pas été prudent de les laiſſer pour*
» *jamais dans l'oubli. Le bien qui peut*
» *réſulter des connoiſſances qu'on y trou-*
» *vera répandues, m'a paru d'un aſſez*
» *grand poids, pour l'emporter ſur le mal*
» *qui pareillement peut en réſulter. Il eſt*
» *des connoiſſances utiles, tant qu'elles ne*
» *paſſent qu'aux ſages, & qui deviennent*
» *dangereuſes, dès qu'elles ſe divulguent.*
» *Celles-ci, ou nulle autre, ſont de ce genre.*

» *Si les anciens se les transmettent successi-*
» *vement, je ne doute nullement qu'elles*
» *ne leur soient très-avantageuses ; mais,*
» *s'ils les rendent publiques, je crains que*
» *le fruit qu'ils en auroient retiré, ne de-*
» *vienne un poison entre les mains des au-*
» *tres. Au reste, j'écris pour le bien : mal-*
» *heur à quiconque y puisera le mal.* Vous
» ne diriez jamais de quoi traitoit ce
» livre, interdit avec tant de rigueur.
» C'étoit un abrégé raisonné de l'his-
» toire & des mœurs de toutes les na-
» tions. En Europe, vous faites lire ces
» sortes d'ouvrages à des enfans ; cela
» même entre dans le plan de leur édu-
» cation ; & le sage Almont à peine
» permet cette lecture à des vieillards
» affermis dans la vertu. On vit dans
» la suite, & nous voyons encore au-
» jourd'hui, combien ses idées étoient
» judicieuses, & ses craintes bien fon-
» dées. Son manuscrit, comme il l'a-
» voit exigé, resta inviolablement en-

» tre les mains des anciens : jamais Gal-
» ligène n'en lit une seule ligne, que
» l'âge, en le mettant au nombre des
» Magistrats, ne lui ouvre ce livre sa-
» cré. Mais en quel lieu de la terre, des
» connoissances secrettes, confiées à
» plusieurs personnes, ne se font ja-
» mais répandues au-delà? Une liqueur
» versée successivement dans plusieurs
» vases, en trouve toujours quelques-
» uns qui la laissent fuir. C'est ce qui
» ne manqua pas d'arriver au secret des
» anciens. Toujours quelqu'un d'entre
» eux hazardoit quelques lignes du livre
» défendu : peu à peu tout fut révélé.
» Vous sçavez avec quelle facilité les
» connoissances qui nous sont interdi-
» tes, se placent dans la mémoire. Au-
» jourd'hui, il n'est peut-être pas un
» Galligène qui ne soit aussi instruit
» que les anciens, de l'histoire des dif-
» férentes nations, de leur politique,
» de leurs loix, de leurs religions. Cha-

„ cun voit toutes ces choses à sa ma-
„ niere : les uns, avec des passions dou-
„ ces & peu de lumieres, admirent la
„ bizarrerie des autres peuples. *Quoi !*
„ *disent-ils, nous sommes sur la terre les*
„ *seuls hommes raisonnables ! Les Euro-*
„ *péens, ces gens si ingénieux, nos freres*
„ *même, plus ingénieux que tous les au-*
„ *tres, ont une conduite & des loix si éloi-*
„ *gnées de la simple nature ! Chacun d'eux*
„ *a une femme qui est à lui, & n'en a*
„ *point d'autres ; il a des enfans qui sont*
„ *les siens, & ceux des autres ne le tou-*
„ *chent en rien ; il a un coin de terre en*
„ *propriété, & n'a droit à nul autre !*
„ *Qu'arrive-t-il donc, quand sa terre ne*
„ *rapporte point, quand ses enfans meu-*
„ *rent, & qu'il se dégoûte de sa femme ?*
„ *Se passe-t-il du sexe, demeure-t-il sans*
„ *appui, & meurt-il de faim ?* Les au-
„ tres, avec des passions fortes, & sur-
„ tout ceux que l'ambition domine,
„ donnent toute leur approbation à la
„ politique

» politique étrangere, qui les mettroit
» à portée de satisfaire leurs paffions.
» A les entendre, nòs loix ne font bon-
» nes que pour des enfans. Les étran-
» gers ont connu l'homme, & lui don-
» nent les moyens de satisfaire fes paf-
» fions, fans troubler l'ordre. Chez
» eux, par exemple, un ambitieux peut
» parvenir aux plus grands honneurs,
» & les actions qui l'y conduifent, font
» précifément les plus utiles au bien
» général. Plufieurs, én confidérant
» tant de religions, de loix, d'ufages
» divers & fouvent oppofés, voyant
» que ce qui étoit jufte dans un pays,
» étoit injufte ailleurs, & que les ver-
» tus d'un peuple étoient les vices d'un
» autre, ont cru que toutes ces chofes
» étoient de convention, & qu'il n'y
» avoit effentiellement, ni bien, ni
» mal moral, ni vice, ni vertu. Quel-
» ques-uns, & ceux-ci font les plus ra-
» res, toutes réflexions faites, ont penfé

» qu'à l'égard de la société, il n'existe
» qu'une seule vertu élémentaire &
» immuable, qui est l'amour de ses sem-
» blables; que, de cette vertu univer-
» sellement reconnue & applaudie de
» toutes les nations, découlent celles
» qui varient selon les climats, les ca-
» racteres, les besoins des différens
» peuples. Ils sçavent que, dans toute
» société, il faut un frein aux cupidi-
» tés, & sont les premiers à se l'impo-
» ser. Ils se soumettent strictement à
» la loi, qu'ils respectent lors même
» qu'ils ne l'approuvent pas; &, tou-
» jours prêts d'excuser les négligences
» des autres, ils ne s'en permettent
» aucune «.

CHAPITRE XVI.

Duncan reçoit une leçon de morale d'une Galligène. Il se fâche, s'appaise, & convient de ses torts.

Il y avoit, parmi les Galligènes, une femme célebre, & généralement considérée : son nom étoit Alcine. Elle étoit belle, disoit-on, & l'ignoroit seule ; sçavante, & n'en avoit point les prétentions ; judicieuse, & ne s'en doutoit pas. Duncan, qui sçavoit qu'on est toujours indulgent pour le sexe, & que, parmi les femmes, de petits mérites se font souvent de grandes réputations, voulut juger Alcine par lui-même. Il eut plusieurs entretiens avec elle, & parla, avec éloge, de ses graces, de son esprit & de ses connoissances.

Un jour, ils s'entretenoient de littérature, & Duncan apprécioit les talens des nations. Pour les belles chofes, di-foit-il, je veux croire que les Galli-gènes & les autres peuples y réuffiffent auffi-bien que nous autres François; mais, pour le joli, à nous la palme. Par exemple, il n'eft point d'endroit, dans le monde, où l'on tourne auffi adroitement un vaudeville, une chan-fon bachique, un air tendre.

ALCINE.

Nous avons auffi nos chanfonniers, & leur verve n'eft point à méprifer. Je vous citerois mille petites chofes de ce genre, plus charmantes les unes que les autres. Que trouvez-vous de celle-ci, par exemple :

* *Cruelle Eglé , pourquoi me fuyez-*

---

* Nous avons dit que la langue de Galligenie n'eft pas tout-à-fait la nôtre : la chanfon eft traduite. Dun-can ne s'eft pas donné la peine de la mettre en vers, ni moi non plus.

vous, comme le poiſſon fuit devant l'oiſeau cruel qui s'élance dans l'eau pour le dévo-rer. Mes ſoins & mon amour n'adouciront-ils jamais cette fierté ſauvage qui s'oppoſe à mon bonheur? Comme vous, le fruit de la vigne a d'abord je ne ſçai quoi d'auſte-re; mais bientôt il prend cette douce ſaveur qui nous le rend ſi agréable. Que craignez-vous de moi? Ai-je jamais prétendu vous engager dans ces longues paſſions qui font le tourment du cœur, juſte punition de la conſtance? Non, Eglé, votre amant eſt digne de vous: toute la République n'en peut fournir un plus inconſtant & plus le-ger. Semblable à la diligente abeille; je voltige de fleurs en fleurs, &, ſans m'ar-rêter nulle part, je cueille par-tout le miel de la volupté.

DUNCAN.

Il y a toujours, dans vos écrits, je ne ſçai quoi d'étranger & d'extraordi-naire, tout-à-fait éloigné du goût François, c'eſt-à-dire, du bon goût. Par exemple, dans cette bagatelle que vous venez de me citer, à propos de quoi cette froide plaiſanterie qui la termine.

ALCINE.

Où eſt-elle cette plaiſanterie ? Où prenez-vous cet air étranger ? Quoi ! vous trouvez extraordinaire qu'un amant qui veut plaire, s'annonce par ſes bonnes qualités !

DUNCAN.

Au contraire, je trouve extraordinaire qu'il s'annonce par ſes mauvaiſes. Se donner pour le plus inconſtant des hommes, ſi l'on ne plaiſante pas, c'eſt une extravagance des plus complettes ; &, ſi c'eſt plaiſanterie, c'en eſt une bien froide.

ALCINE.

Je crois vous entendre, & ne ſuis plus ſurpriſe que, n'étant pas entré dans le sens du poëte, vous ne puissiez le goûter. Vous lui rendrez plus de justice, quand vous sçaurez qu'en amour l'inconstance est une vertu.

DUNCAN.

L'inconstance, une vertu?

ALCINE.

Très-recommandable.

DUNCAN.

Et la constance?

ALCINE.

Un vice très-repréhensible.

DUNCAN.

Je crois que les Galligènes me feront perdre l'entendement. Les vertus de mon pays sont des vices : ce que j'appellois bien, est mal ; ce que j'appellois mal, est bien ; je ne sçai plus comment qualifier les choses, & toutes mes idées se bouleversent.

A l c i n e.

Il faut pourtant tâcher d'arranger tout cela dans votre tête, & vous persuader que les Galligènes pensent très-sensément à l'égard de l'amour.

D u n c a n.

Quoi ! cette constance si recherchée & si applaudie, cette force qui résiste à tous les plaisirs qu'une imagination déréglée montre par-tout ailleurs que dans l'objet auquel on a voué son cœur, cette qualité qui fait les délices de l'amour, cette vertu . . .

A l c i n e.

Mais sçavez-vous, Monsieur Duncan, que vous tenez-là le langage du libertin le plus décidé. Tout autre oreille seroit choquée de vos discours. Pour moi, je sçai combien un étranger, en parlant de la vertu, doit s'éloigner de la raison. Votre intention est bonne ;

mais les préjugés vous aveuglent d'une maniere à me faire pitié.

DUNCAN.

Adieu, je vous quitte, & ne veux plus de converſation ſuivie avec aucun Galligène. Le ſens commun de mon pays, n'eſt plus ici ſens commun. J'ai beau parler raiſon, j'ai toujours tort ; &, quand je tiens le langage d'un homme vertueux, je dis des choſes à faire trembler.

ALCINE.

Un inſtant, Monſieur Duncan, & ne vous fâchez pas. Vous êtes un honnête homme ; & je ſuis perſuadée qu'il y a, dans vous, de quoi faire l'amant le plus inconſtant, c'eſt-à-dire, le plus eſtimable qui ſoit. Deux mots ſeulement, & vous ſentirez la néceſſité de devenir tel. Vous verrez que, ſi vous avez raiſon, nous n'avons pas tort ; & que le ſens commun de France, eſt ce-

lui de ce pays-ci & de toute la terre. Où
les femmes font en communauté, comme chez les Galligènes, la conſtance
s'oppoſe au bon ordre ; car une femme
ne doit pas être à un ſeul, & c'eſt ce que
la conſtance exigeroit : elle doit être à
tous, & c'eſt à quoi diſpoſe la légereté. Chez vous, au contraire, une femme doit s'attacher à un ſeul : le bon
ordre demande donc de la conſtance,
& condamne la légereté. Ainſi la légereté doit être un vice dans votre pays,
& une vertu dans le nôtre ; la conſtance
doit être une vertu parmi vous, & un
vice parmi nous.

D U N C A N.

J'entre à préſent dans vos vûes, belle
Alcine, & je commence à croire qu'il
faut vous laiſſer tranquille ſur vos vertus, puiſque vous me laiſſez tranquille
ſur les miennes. L'éloge que je faiſois
de la conſtance, eſt bon pour mon pays,

& mal fonnant dans celui-ci. Je ne dé-
fapprouve plus votre maniere de penfer; toutefois je garde la mienne. Au
refte, je vous félicite fur votre morale.
Un précepte qui ordonne la légereté,
doit être aifé à obferver. Sans doute
vous ne manquez pas de vertueux en
ce genre; à cet égard, la conduite des
Galligènes eft irréprochable.

ALCINE.

Vous vous trompez. Tandis qu'on
nous prône l'inconftance, on ne voit,
parmi nous, que fermeté, longues paffions, amours fans fin.

DUNCAN

Cela m'étonne infiniment. O que
vos freres de France auroient de mérite
dans ce pays-ci. Il n'y en a pas un qui ne
reftât fcrupuleufement foumis à votre
morale admirable; car, chez nous où
l'on exige de la folidité, on ne voit
qu'inconftance.

ALCINE.

Vous vous trompez encore. Je ne
fçai par quelle fatalité l'efprit humain
fe porte toujours à ce qui lui eft interdit. Vos François, tout legers qu'ils
font, deviendroient probablement
conftans parmi nous.

DUNCAN.

Si cela eft, il faut que l'efpéce hu-
maine foit bien violemment induite à
la contradiction.

ALCINE.

On ne peut plus violemment.

DUNCAN.

Mais eft-il bien fûr que l'efprit humain
foit ainfi tourné, & qu'il fuffit de com-
mander, ou d'interdire une chofe, pour
que nous nous fentions portés à ce qu'on
interdit, & éloignés de ce que l'on commande? Ne feroit-ce point une erreur
qui procede de ce que nous n'avons pas

àſſez réfléchi ſur les motifs de nos actions. Il y a des gens ſoumis aux loix,
& attachés à la vertu ; il y en a qui ne
ſortent jamais du déſordre. Les premiers ne ſont pas vertueux, parce qu'on
leur preſcrit de l'être ; les ſeconds ne
ſont pas vicieux, parce qu'on leur interdit le vice : mais ceux-là ſont vertueux, & ceux-ci vicieux, parce que
la raiſon, & peut-être plus encore le
naturel, guident les uns, & manquent
aux autres.

ALCINE.

Il y a quelque choſe de plus. L'homme eſt né libre ; &, à proportion que
ſon eſprit ſe fortifie, à proportion il
chérit la liberté. Ainſi, lorſque la morale ſe préſente pour lui donner des en-
traves, la premiere impreſſion eſt un
mouvement de répugnance. De ſoi-
même il ſe porte à haïr une choſe, par
cette ſeule raiſon qu'on la commande ;

il se porte à l'aimer, par cette seule raison qu'on la défend. Nés avec le penchant de faire tout ce qui nous plaît,
nous nous refroidissons nécessairement
sur ce qu'on exige de nous. Comman-
dez à quelqu'un ce qu'il desire le plus ;
cet ordre seul est capable d'éteindre son
desir. Il ne faut donc pas s'étonner si,
lorsqu'on exige de la légereté, on a tant
de gens constans, & si, lorsqu'on exige de la constance, on a tant de gens
legers. Vous voyez par-là combien se
trompent ceux qui, considérant les
mœurs d'une nation, & voyant qu'elle
se porte avec ardeur à tout ce qui paroît
opposé à l'esprit de ses réglemens & de
sa morale, s'imaginent que les loix de
ce peuple ne sont pas analogues à son
caractere. Ils ne voyent pas qu'une des
raisons de cette conduite, est qu'on en
prescrit une autre : de maniere que, si
l'on venoit à l'autoriser, & qu'on lui
prescrivît de se comporter comme il

fait, cela suffiroit pour faire une révo-
lution dans les mœurs, & les changer
totalement : tant l'esprit de liberté est
inhérent à l'homme. Un politique qui
examine l'inconduite & le désordre
d'un peuple, ne doit donc pas, comme
on fait tous les jours, conclure qu'il
faudroit abroger les anciennes loix, pour
en substituer de nouvelles : car cette
inconduite peut venir du penchant que
tout homme a pour s'élever contre ce
qu'on lui commande, & courir après
ce qu'on lui défend. Alors ce ne seroit
pas les loix qu'il faudroit changer ; ce
seroit les esprits qu'il faudroit refrener
& ramener à la raison.

CHAPITRE XVII.

Un Galligène s'enivre pour mieux parler raifon.

Dans les divers quartiers de la ville, il y a des endroits où l'on prépare à
manger. Les Galligènes vont y prendre
leur repas à telle heure .que bon leur
femble ; chacun felon fon régime, l'habitude, le befoin, la fantaifie. On fe
renferme folitairement, ou l'on fe place dans de grandes fales très-fréquen-
tées. L'aventure du jour, le dernier
bon mot, jolies femmes, hommes con-
nus, liaifons, amours, débats des uns
& des autres ; tout peut s'y propofer,
& fe difcuter. Cependant vous êtes
fervi dans la plus grande exactitude, &
vous vous retirez quand vous jugez a
propos.

Un jour, Duncan ayant pris fon repas, se retiroit, lorsqu'un Galligène de sa connoissance l'arrêta. Quoi ! lui dit-il, vous ne vous souciez donc pas d'entendre l'oracle ? De quel oracle venez-vous me parler, répondit Duncan ? Je vois bien, reprit le Galligène, que la chose, peut-être la plus curieuse de ce pays-ci, vous est encore inconnue. Avez-vous fait attention à ce grand homme sec, que vous voyez à dix pas de vous ? Oui, répliqua Duncan, &, de long - tems, je n'ai vu boire aussi largement qu'il vient de faire. Aussi, poursuivit le Galligène, va-t-il nous dire vraisemblablement des choses bien admirables. C'est donc, reprit Duncan, un homme qui s'enivre pour mieux parler raison ? Précisément, dit le Galligène, c'est la tête la plus singuliérement constituée qui ait jamais existé.

Voyez-le, le matin, à jeûn, c'est un imbécille, mais un imbécille dans

toute la force du mot : qu'il déjeûne &
qu'il boive d'autant, c'est un homme
qui pétille d'esprit, non de cet esprit
qui s'évapore en propos legers, mais
de cet esprit solide & aisé qui vous
éclaire en même tems qu'il vous amu-
fe. C'est une espéce d'oracle dans la
République. Il donne ses réponses à
table, & le verre à la main. Ceux que
vous voyez autour de lui, font probablement venus le consulter : il boit
sa dose, & vous allez bientôt entendre sa réponse.

Duncan s'approcha. L'oracle bachique tenoit quelques propos généraux,
en attendant que sa tête se montât, &
que son démon vînt s'emparer de lui.
» Il y a, disoit-il, des vins querel-
» leurs, babillards, dévots, amou-
» reux; tout le monde sçait cela : mais
» je sçai, moi, qu'il y a des vins con-
» teurs, raisonneurs, géometres, phy-
» siciens, & autres. J'ai fait, depuis

» long-tems, ces utiles obſervations, &
» je me conduis en conſéquence. L'au-
» tre jour, je fus cité au tribunal des
» anciens, pour une bagatelle dans la-
» quelle je n'étois nullement coupa-
» ble. Il falloit plaider ma cauſe ; je
» vins ici puiſer de l'éloquence. Je de-
» mandai du vin du côteau *ſud-oueſt* :
» les échanſons ſe tromperent ; on m'en
» donna du côteau *ſud-eſt*. Je venois
» pour me faire orateur, je bus, & je
» devins poëte. Me voilà donc au tri-
» bunal, plaidant en vers, faiſant des
» épigrammes, des ballades, des ron-
» deaux, & jouant ſur tout ce qui s'of-
» froit à mon imagination. Je ne ſçai
» ſi j'amuſai mes Juges ; mais je ſçai
» que je ne les perſuadai pas : on m'en-
» voya quelques mois aux champs, pour
» me rafraîchir un peu la tête. Mon
» affaire étoit excellente ; mais je m'é-
» tois trompé en vin ; je perdis mon
» procès. Ce malheureux vin *ſud-eſt* eſt

» le plus poëtique que je connoiſſe : il
» n'y a point de bouteille qui ne four-
» niſſe ſon ode, & point de verre qui
» ne donne ſa ſtrophe. Celui que nous
» buvons actuellement, éclaire l'en-
» tendement. J'en uſe ſur-tout pour
» éclaircir les queſtions de morale, &
» je ne manque guère mon coup. Vous
» allez bientôt en être témoins; car je
» ſens qu'il ne tardera pas d'opérer «.

En effet, à peine l'homme aux ora-
cles eut-il achevé de débiter ces maximes, que la ſcène changea. Ses yeux
ſe fermerent ; ſes coudes, ſur la table,
reçurent le poids de ſon corps chance-
lant, & ſes mains fixerent ſa tête mal
aſſurée. Duncan, ſinguliérement étonné (&, pour le coup, je crois que je
l'aurois été tout autant que lui), admi-
roit comment des gens qui paroiſſoient
ſenſés, ſe faiſoient un amuſement
d'enivrer un homme, pour avoir le
plaiſir de le voir s'endormir, en diſ-

courant comme le vin le vouloit. Mais
il fut encore bien plus étonné, quand
il vit le prétendu dormeur se lever su-
bitement, & répondre, en ces termes,
à ce qu'on avoit demandé de lui.

» Vous voulez que je vous parle de
» la nature, de l'origine & des progrès
» de la décence circonspecte, & de
» la pudeur craintive : écoutez ; voici
» ce que m'inspire le génie puissant qui
» s'empare de moi. Le grand jour, la
» multiplicité des objets, la distrac-
» tion sont contraires à la volupté. Ne
» voyons-nous pas ceux qui entendent
» les plaisirs de la table, se faire, en
» plein jour, une nuit artificielle, &
» préférer la foible lueur des flambeaux,
» à la lumiere trop éclatante du soleil?
» Si les plaisirs de la table croissent dans
» la retraite, que n'y doivent pas ga-
» gner ceux de l'amour ? N'en doutons
» point ; dès que les hommes commen-
» cerent à les bien connoître, ils les

» environnerent d'un voile. Le silence
» de la nuit, le demi-jour des grottes,
» l'ombre des bois firent les délices des
» amans; le soleil n'éclaira plus leurs
» careffes, & la folitude devint le fé-
» jour de la volupté. De-là, les occa-
» fions plus rares, & les defirs plus
» vifs; les rencontres ménagées, & les
» larcins amoureux; de-là, les plaifirs
» plus piquans. On vit alors que l'a-
» mour croiffoit par la difficulté, &
» que fes faveurs devenoient plus pré-
» cieufes, à proportion de la peine
» qu'on avoit à les obtenir. Ainfi les
» hommes apprirent à defirer; les fem-
» mes, à réfifter; &, femblable aux
» eaux qui accélerent leur mouvement
» à proportion que leurs canaux fe ré-
» tréciffent, l'amour devint plus actif,
» par les régles étroites qu'on lui pref-
» crivit. Le voile jetté fur les actions,
» s'étendit bientôt fur les paroles. Ce
» qu'on ne pratiquoit plus qu'en ca-

» chette, on ne le demanda plus ou-
» vertement : on mit du myftere à ex-
» primer fes defirs, comme à les fatis-
» faire. Amans heureux, qui deman-
» dez, qui preffez, qui obtenez ces
» tendres aveux qui vous comblent de
» plaifirs, & vous en font efpérer d'au-
» tres plus grands encore, c'eft à vous
» de dire combien votre fenfibilité s'ai-
» guife par le myftere. Ceux qui, plus
» emportés qu'amoureux, négligerent
» ces ménagemens, pafferent pour gens
» groffiers, incapables d'être affectés
» de ce que l'amour a de plus délicat,
» & dont les lourdes mains fanoient les
» fleurs qu'elles touchoient. Enfin,
» quand on vint à réfléchir fur des de-
» firs dont il ne falloit point fuivre les
» impreffions que dans l'ombre, & qu'il
» ne falloit montrer qu'en les cachant,
» la plûpart des hommes n'eurent pas
» de peine à fe perfuader qu'il y avoit
» quelque chofe d'indécent & de hon-
» teux «.

Ici l'Orateur s'arrêta. Pour fournir aux dépenfes qu'il faifoit en efprit, il but trois grands verres de vin ; puis, allégre comme un voyageur repofé, il pourfuivit.

» Voilà donc la pudeur qui naît par-
» mi les hommes ; cette pudeur qui
» marque le defir en même tems que
» l'éloignement ; qui veut & ne veut
» pas ; qui jamais n'accorde qu'en re-
» fufant. Autant qu'elle femble con-
» traire à l'amour, autant elle lui eft
» favorable ; lors même qu'elle en con-
» damne les tranfports, elle leur donne
» un prix qu'ils n'avoient pas. Quel ju-
» gement devons-nous maintenant por-
» ter fur ces écrivains inattentifs qui
» la regardent comme le fruit d'un aveu-
» gle préjugé ? Qu'ils remontent à fon
» origine ; qu'ils voyent le genre hu-
» main qui ne fe trompe jamais fur fes
» plaifirs, en dicter les loix ; qu'ils la
» voyent elle - même accroître, pro-
» longer,

» longer, animer les plaisirs, & même
» les faire naître où, sans elle, il n'en
» eût jamais existé ; qu'ils la suivent
» dans ses développemens, lorsqu'elle
» s'épanouit sur le visage qu'elle colo-
» re, se montre dans toutes ses nuan-
» ces, s'affoiblit peu à peu, & se perd
» enfin dans les délices de l'amour
» qu'elle vivifie ; &, s'ils l'osent, qu'ils
» l'appellent encore foiblesse & chi-
» mere. Mais gardons-nous de nous
» tromper sur ses différentes espéces.
» Il en est de deux sortes. Celles des
» hommes éclairés, qui connoissent la
» nature de la volupté, n'en appro-
» chent qu'avec circonspection, & n'y
» touchent que légerement, de crainte
» d'en ternir la fleur. Celles des hom-
» mes vulgaires, qui, pensant que les
» desirs qu'inspire l'amour, ont en eux-
» mêmes je ne sçai quoi de honteux,
» ne s'y livrent qu'avec modération, &
» comme contraints & emportés par

» une paſſion exceſſive. L'une & l'au-
» tre vont au même but, je veux dire
» aiguiſent, multiplient, prolongent
» nos plaiſirs, & conſervent, dans
» l'homme, le tréſor le plus précieux
» dont il puiſſe jouir, la fraîcheur du
» ſentiment. Ayons-en, de quelque
» eſpéce qu'elle ſoit ; c'eſt l'ame de la
» volupté. Si nous manquons de l'une
» & de l'autre, non-ſeulement nous
» annonçons une honteuſe incapacité
» de goûter ce que les délices du cœur
» ont de plus délicat, mais encore, en
» nous livrant ſans réſerve au plaiſir,
» nous ne tarderons pas à ceſſer d'en
» être touchés, &, parcourant rapide-
» ment la carriere de l'amour, nous
» rencontrerons bientôt ſon tombeau,
» qui eſt la ſatiété. Que nos diſcours
» même ſoient modeſtes, &, s'il ſe
» peut, juſqu'à la timidité. Le propos
» libre équivaut preſque à l'abus réel :
» on s'accoutume bientôt à des choſes

» dont on parle avec si peu de rete-
» nue , & dès qu'on est accoutumé
» aux plaisirs, ils cessent d'être plaisirs.
» Les faveurs de l'amour n'ont que le
» prix qu'on y attache : un homme trop
» libre dans ses paroles, les déprécie ;
» une femme les avilit : l'un & l'autre
» les dégradent à leurs propres yeux,
» & se rendent tout-à-la-fois incapables
» de goûter & d'inspirer la volupté,
» dont ils flétrissent toutes les graces «.

Duncan soutient que ce discours se sent un peu de l'état du discoureur.

CHAPITRE XVIII.

Duncan differte avec un Ancien, & a toujours raifon.

PLUS notre voyageur examinoit certaines branches de la police des Galligènes, moins il les approuvoit : non pas qu'il vît clairement par quel endroit elles étoient contraires au bon ordre ; car Duncan n'étoit pas un politique de la premiere force ; il en jugeoit par une certaine répugnance qu'il penfoit tenir de la nature, & qu'il regardoit comme beaucoup plus sûre que le raifonnement. Un jour il s'en expliquoit à un Ancien, l'homme de toute la République, qui paffoit pour le plus inftruit dans les loix des Galligènes. Je ne vous le déguife point, lui difoit-il, vous avez des ufages que je ne puis goûter. Cette communauté des femmes, par

exemple, me répugne singuliérement.
Que vous êtes à plaindre de ne pouvoir
jouir des douceurs de ces heureuses
unions, où deux cœurs vertueux, gui-
dés par l'estime & inclinés par l'amour,
se dévouent pour jamais l'un à l'autre !
Les soins & les peines deviennent des
plaisirs, parce qu'un objet aimé doit en
goûter le fruit. Les succès & les heureux
événemens flattent moins en ce qu'ils
nous regardent, qu'en ce qu'ils touchent l'autre moitié de nous-mêmes.
Une seule ame semble animer deux
corps, ou l'ame de l'un animer l'autre.
Les enfans qui naissent de ces unions
fortunées, sont encore de nouvelles
sources de douceurs. Ils croissent autour de nous, comme de jeunes plantes cultivées avec soin, qui doivent un
jour donner des fruits qui feront nos
délices.

Vous avez raifon : le lien conjugal a bien des douceurs, & j'en imagine encore plus que vous n'en dites ; mais je crois que les Galligènes ont à fe féliciter d'en être privés. On les achete par bien des follicitudes, & quelquefois on n'en jouit jamais : la peine eft fûre ; la récompenfe, incertaine. Qu'il eft rare d'avoir une femme & des enfans felon fon cœur ! Si l'amour & la tendreffe n'aveugloient pas un pere de famille, qu'il feroit fouvent à plaindre ! Le lien conjugal & paternel multiplie les plaifirs, j'en conviens ; mais auffi il multiplie les chagrins, & dans la même proportion ; car tout ce qui nous affecte croît alors en action. Une époufe & des enfans font autant de miroirs qui réfléchiffent tout, agréable & défagréable. Ainfi je ne vois pas qu'il y ait à gagner ; &, fi vous calcu-

liez bien, peut-être trouveriez-vous
qu'on y perd. En général, il eſt bon de
vanter les mariages dans votre pays;
mais il eſt prudent de s'en abſtenir.
D'ailleurs ne penſez pas qu'il ne ſe trouve parmi nous aucune trace de cet attachement tendre qu'un pere reſſent
pour ſes enfans. Un homme, pour peu
qu'il ait de naturel, ne ſera-t-il pas ému
à la vûe d'une troupe d'enfans, dont
quelques-uns lui doivent probablement
le jour. Ne s'intéreſſera-t-il pas à leur
ſort? Ne s'attendrira-t-il pas à la vûe de
leurs maux? Ne ſe réjouira-t-il pas à la
vûe de leur bien-être? Et ces affections
vraiment paternelles ne feront-elles pas
d'autant plus utiles au bien général,
qu'aucun citoyen ne peut & ne doit les
fixer ſur un objet particulier. Chacun
de ces enfans lui ſera cher, parce qu'il
aura toujours à ſe dire, c'eſt peut-être
celui-ci qui eſt mon ſang. Quant aux
douceurs que vous attachez à l'union

de deux époux, nous en fommes totalement privés, il eft vrai : mais l'amour
en eft-il moins réel, moins vif, moins
piquant, pour n'être pas conjugal ?

D U N C A N.

Quand il n'y auroit rien à gagner
dans nos mœurs, quand même il y auroit à perdre, au moins notre conduite
n'a point cet air de libertinage que l'on
refpire ici. Des femmes qui, par devoir, fe livrent au premier venu, ne
méritent l'attachement de perfonne,
& font dignes du mépris de quiconque
aime l'ordre & la modération.

L'A N C I E N.

Vous avez raifon. Des femmes li-
vrées à toute l'ardeur d'un tempéra-
ment effréné ; des filles enivrées de dé-
bauches ; un trafic honteux qui couvre
d'infamie les plus douces faveurs que la
nature ait faites aux hommes ; voilà ce

que vous imaginez dans la communauté
des femmes. Sous ce point de vûe, vous
l'avez, & vous devez l'avoir en horreur. Mais une femme qui fuit, avec
modération, des defirs & des goûts qui
naiffent dans fon cœur, ou qu'elle fait
naître dans le cœur des autres, qui
pourra la condamner, fi la loi ne la
condamne pas? Qui, au contraire, ne
l'approuvera pas, fi la loi l'approuve?
Tels font les Galligènes. La feule chofe
que la nature recommande, dans l'u-
fage des plaifirs, c'eft la tempérance:
mais les divers befoins des fociétés ont
obligé à les reftreindre plus ou moins;
notre République leur a laiffé le plus
de liberté, tant mieux pour les citoyens.

DUNCAN.

Je doute qu'il y ait beaucoup de juf-
teffe dans ces raifonnemens & dans la
façon de penfer des Galligènes, à l'é-
gard des femmes; mais je fçai certai-

nement qu'il n'y a guère de délicateſſe.

L' A N C I E N.

Vous avez raiſon. Auſſi ſommes-nous bien éloignés de vouloir y en mettre ; & , ſans y penſer, vous nous faites un compliment très-flateur. Cette délicateſſe eſt un des vices que tout honnête Galligène évite avec le plus d'attention : elle naît de l'amour propre. On veut des plaiſirs qui ſoient à ſoi : celui que l'on partageroit, ceſſeroit d'en être un ; on veut jouir des douceurs d'une propriété excluſive. Je m'étonne que , chez vous, on ne ſe diſpute pas auſſi l'air qu'on reſpire , & que l'on puiſe paiſiblement à la même riviere. Votre politique nourrit cette délicateſſe , & même en fait une ſorte de vertu , parce que naturellement elle incline à l'obſervation de la loi, qui défend aux femmes la pluralité des hommes , & aux hommes la pluralité des femmes. Pour s'attacher exclufivement une femme, on prend fur foi de renoncer à toutes les autres; & c'eft ce que la loi demande. Par une raifon contraire, notre politique dégrade cette même délicateffe, & en fait un vice; car, parmi nous, une femme doit être l'époufe de tous les hommes, & un homme, l'époux de toutes les femmes.

DUNCAN.

Mais enfin vous conviendrez qu'une femme qui s'attache inviolablement à un feul homme, qu'elle regarde comme un autre foi-même, vaut bien celle qui fe donne à tous, & ne s'attaché à perfonne.

L'ANCIEN.

Vous avez encore raifon. En Europe, un état n'eft point chargé de nourrir, d'élever, d'éduquer les enfans; chaque pere de famille eft chargé du foin des fiens : c'eft un fardeau, & il faut toute la tendreffe paternelle pour le rendre leger. Il eft donc très-important pour le bon ordre, que les peres de famille foient affurés, par la conduite de leurs époufes, que les peines qu'ils fe donnent ne font pas pour les enfans des autres. De-là, ce genre de fageffe d'une femme, qui confifte à s'attacher fidélement à un feul homme; & c'eft en effet une vertu très-recommandable, relativement à vos mœurs. Quant à nous, la République fe charge de l'éducation des enfans : il lui importe peu quel en eft le pere; il importe peu au citoyen quel eft fon fils. Ainfi l'attachement inviolable à un feul homme, devient inutile; &, comme en elle-même cette union trop gênante a de grands inconvéniens, nous la rejettons, & nous avons raifon. En Europe, on paffe fur ces inconvéniens, à caufe de la néceffité de s'affurer des générations, & l'on a raison aussi. Chaque loi se conforme au besoin : nous sommes aussi conséquens les uns que les autres, & nos femmes se valent bien.

DUNCAN.

Au moins m'avouerez-vous que votre législateur n'a pas fait assez d'attention aux inconvéniens qui, entre le pere & la fille, la mere & le fils, le frere & la sœur, peuvent résulter de la communauté des femmes. Pour moi, cette seule idée me révolte.

L'ANCIEN.

Vous avez toujours raison, & votre répugnance est très-louable. Je vous parlois tantôt de la nécessité où, dans votre pays, un état se trouve de tenir la main à la vertu des femmes, pour multiplier les mariages, & encourager les soins paternels. Les filles doivent donc être sages ; premiérement, parce que les enfans qui naîtroient hors le mariage, au lieu d'être une richesse pour l'état, lui seroient plutôt à charge; secondement, afin que les hommes y attachent leur confiance, & les époufent. Ainfi la politique, qui doit punir tout commerce illicite, doit punir plus rigoureufement ceux qui, par état, ayant un accès aifé dans les familles, des occafions fréquentes, de l'influence fur les efprits, & d'autres voies ouvertes à la féduction, oublient leur devoir, au point d'abufer de ces facilités. Vos loix féviffent, à bon droit, contre un maître qui féduit une éleve, un frere qui féduit fa fœur, un pere .... Mais fans doute il n'en eft point d'affez lâches pour jetter l'opprobre dans leur propre fein. Ce n'eft donc pas fans raifon que vous voyez avec horreur ces mélanges en effet très-criminels, puifqu'ils font capables de jetter le trouble & la confufion dans la

ſociété. Mais chez nous, où de ſem-
blables déſordres ne ſont point à craindre, ces ſortes de commerces ceſſent
d'être criminels; & ce que vous verriez
en Europe avec un œil d'indignation,
vous le devez voir ici avec un œil d'in-
différence.

Duncan.

Je ne puis : ces mélanges monſtrueux
nous répugnent par eux-mêmes. Cela
eſt ſi vrai, que le mariage, qui, chez
nous juſtifie tout, eſt interdir entre
parens. Si nous en tolérons quelques-
uns, c'eſt en dérogeant à la loi, qui
les défend tous; & je crois que vous
auriez peine à trouver par quel endroit
cette conduite manque de ſageſſe.

L'Ancien.

Vous aurez raiſon juſqu'à la fin. On
interdir, dans votre pays, le mariage
entre parens, & cela doit être; non

pas que ces alliances foient contre nature, mais parce qu'elles font contraires aux vûes de la loi. Vous le fçavez,
chacun, chez vous, fe fait centre, &
tâche de ramener tout à foi : la politique fait tout ce qu'elle peut pour
faire fortir de ce centre, & intéreffer
un citoyen pour l'autre. De-là, cette
recommandation où elle met les amitiés, les alliances, les liaifons particulieres : on les multiplie le plus qu'il eft
poffible, afin qu'il ne refte aucun fujet
ifolé, qui, dans le befoin, manque de
reffource. Les peres & les enfans, les
freres & les fœurs, les parens proches,
on les regarde comme unis par les
liens du fang; on ne croit pas néceffaire d'y joindre les liens du mariage :
on les attache donc à d'autres, auxquels ils ne tenoient en rien ; on tâche
que tous les citoyens foient, ou amis,
ou parens, ou alliés les uns des autres,
afin qu'ils s'aiment réciproquement,

& qu'ils fe rendent des fervices mutuels. Ici nous n'avons qu'une mere,
qui eft la République, & nous fommes
tous freres ; nous devons aimer l'un
autant que l'autre ; & tout lien qui
tendroit à nous attacher fpécialement
à qui que ce foit, feroit contre l'efprit de nos loix. Vous faites tout pour
multiplier les liaifons particulieres ;
nous faifons tout pour les abolir. Dans
votre conftitution, vous avez raifon ;
dans la nôtre, nous avons auffi raifon.
Que l'un ne blâme donc pas les mœurs
& les loix de l'autre ; que chacun vive
en paix, & qu'il foit vertueux à la mode
de fon pays.

Fin du Tome premier.

TABLE

DES CHAPITRES

Contenus en ce Volume.

CHAPITRE PREMIER. *Embarquement, naufrage, & arrivée de Duncan, dans une isle inconnue, où il se trouve en pays de connoissance*, page 1

CHAP. II. *Description de l'isle & de la ville des Galligènes*, 7

CHAP. III. *Mœurs des Galligènes*, 14

CHAP. IV. *Querelles & injures d'un nouveau genre. Etonnement de Duncan. Il s'explique & s'étonne de plus en plus*, 25

CHAP. V. *Histoire d'Almont. Il fuit sa patrie, & s'embarque. Son vaisseau menace de couler à fond. Il se lie au mât, pour plus de sûreté, & l'instant d'après est englouti*, 38

CHAP. VI. *Almont sort du fond de la*

mer, accompagné d'une isle, page 45

CHAP. VII. *Belle économie d'Almont. Il seme; il plante; met des œufs à couver, & fait des réflexions morales très-profondes,* 49

CHAP. VIII. *Soucis d'Almont, qui ne trouva pas une goutte d'eau. Il court après un brouillard. Arbre singulier. Duncan le décrit, n'en désigne ni le genre, ni l'espéce, & fait de belles phrases dont les Naturalistes lui sçauront peu de gré,* 56

CHAP. IX. *Le fils & la fille d'Almont se disent des douceurs qui les menent un peu loin,* 65

CHAP. X. *La famille d'Almont est menacée d'une nudité générale. Après bien des perquisitions inutiles, il fait un faux pas, tombe, & trouve ce qu'il cherchoit. Description d'une plante aërienne. Etoffes qui rajeunissent à l'usé,* 71

CHAP. XI. *La famille d'Almont décou-*

164 DES CHAPITRES.

vre, d'elle-même, des vérités qu'il n'auroit pas dû leur cacher. Disputes de religion. Almont les appaise comme il peut ; &, pour affoiblir les sectes, il les tolere toutes,   page 81

CHAP. XII. Siécles d'or des Galligènes. Belles Sentences de Duncan : on les réfute,   93

CHAP. XIII. Loix qui ne plairont pas à bien des Lecteurs. Duncan n'en dit rien ; mais il n'en pense pas moins,

                                                101

CHAP. XIV. Profonde sagesse de Duncan, qu'on n'en veut pourtant pas croire,   109

CHAP. XV. Des connoissances, interdites aux Galligènes, deviennent, comme de raison, les plus répandues parmi eux,   115

CHAP. XVI. Duncan reçoit une leçon de morale d'une Galligène. Il se fâche, s'appaise, & convient de ses torts, 123

CHAP. XVII. Un Galligène s'enivre

pour mieux parler raison,   136

CHAP. XVIII. *Duncan disserte avec un Ancien, & a toujours raison,*   148

Fin de la Table des Chapitres.

www.ingramcontent.com/pod-product-compliance
Ingram Content Group UK Ltd.
Pitfield, Milton Keynes, MK11 3LW, UK
UKHW021220140726
13695UKWH00002B/654